相关资助来源和课题项目名称：
高校基本科研业务费项目—基础学科与人文社科：干旱风险冲击
应性行为研究（项目编号：RZ2200001026）
校级自然科学项目：高层次人才引进科研启动项目——引进优秀博士第一批次（项目
编号：RZ1900002567）
本书的出版得到内蒙古畜牧业经济研究基地的资助

经济管理学术文库·经济类

中国苹果种植成本收益地区差异的
实证分析

Empirical Analysis of Regional Differences in
the Cost-benefit of Apple Planting in China

杜春玲　张　婧／著

经济管理出版社

ECONOMY & MANAGEMENT PUBLISHING HOUSE

图书在版编目（CIP）数据

中国苹果种植成本收益地区差异的实证分析/杜春玲，张婧著 .—北京：经济管理
出版社，（2023.8重印）

ISBN 978-7-5096-8940-0

Ⅰ.①中…　Ⅱ.①杜…　②张…　Ⅲ.①苹果—种植—成本—效益分析—研究—中国
Ⅳ.①F326.13

中国国家版本馆 CIP 数据核字（2023）第 013397 号

组稿编辑：曹　靖
责任编辑：郭　飞
责任印制：黄章平
责任校对：蔡晓臻

出版发行：经济管理出版社
　　　　　（北京市海淀区北蜂窝 8 号中雅大厦 A 座 11 层　100038）
网　　址：www. E-mp. com. cn
电　　话：（010）51915602
印　　刷：北京厚诚则铭印刷科技有限公司
经　　销：新华书店
开　　本：720mm×1000mm/16
印　　张：7.25
字　　数：85 千字
版　　次：2023 年 2 月第 1 版　　2023 年 8 月第 2 次印刷
书　　号：ISBN 978-7-5096-8940-0
定　　价：88.00 元

前　言

　　中国是世界上最大的苹果生产国和消费国，苹果产量早在1990年就位居世界前列，也是我国在加入世界贸易组织后为数不多的具有明显国际竞争力的农产品之一。在国内，苹果产业在农业、农村经济发展过程中起到了重要作用，尤其是作为我国北方一些主产区的支柱产业，其在调节产业结构、增加农民收入、提高农业生产效率等方面的作用更是日益突出。乡村振兴战略的首要任务就是产业兴旺，对于苹果主产区而言，苹果产业的健康发展尤为重要。近年来，物价水平不断提高，城市化进程加快，由此导致生产要素价格的上涨以及物质资料、劳动力等投入的增加，使苹果生产总成本不断上升，而成本的不断增加、苹果价格的下降使果农收益受到严重损害。在市场经济条件下，果农更为关心的是如何以最小的成本获得最大的收益。因此，研究我国苹果种植成本收益状况，不仅可以促进苹果产业的持续健康发展，而且有利于果农有效利用自身拥有的有限资源获取最大的经济效益，提高果农收入。

　　农产品成本收益问题一直是关系到农业经济与农民收入的重要因素，农产品生产要素投入的变化不仅是农民收入的重要影响因素，而且能体现出农业生产技术水平以及生产要素结构的变化。本书主要是从成本收益角度研究我国苹果产业。首先，介绍我国苹果种植生产的基本情况，包括总结 1991~2016 年我国苹果种植面积、产量变化情况，苹果主产区分布情况，有助于了解我国近年来的苹果生产变化情况。其次，利用《全国农产品成本收益资料汇编》中有关苹果的成本收益数据，分析 1991~2016 年我国苹果成本收益以及成本结构变化情况。依据成本收益数据对苹果主产区进行聚类分析，对比分析不同地区成本收益的变化趋势及成本构成情况。再次，采用灰色关联分析法对比分析不同地区影响苹果生产收益的因素及影响程度的大小，有助于资源优化配置，使果农在利用有限资源的情况下，发挥比较优势，以最小成本获取最大收益。最后，根据对比分析结果提出增加高效区、中效区、低效区苹果生产收益的建议。通过以上研究分析，可以为提高苹果生产收益、降低生产成本提供理论依据，同时基于成本收益数据将苹果主产区进行划分并对成本收益变动进行趋势分析，可以揭示高效区成本收益变化规律，对中效区、低效区提高种植收益，进而提高农民收入有借鉴意义。

本书的完成与出版特别感谢内蒙古农业大学经济管理学院根锁教授的帮助，在选题和研究方向的确定、研究结构的设计、数据的收集和分析、学术写作等方面，根锁教授多次给予了中肯的指点与教导。也感谢内蒙古农业大学经济管理学院领导和老师，为本书的完善与出版提供了支持与帮助。

由于笔者水平有限，书中难免有错误和纰漏，恳请专家、同仁和读者批评指正。

目　录

1 引言

1.1　研究背景

苹果树作为世界四大果树之一（苹果、柑桔、香蕉、葡萄），是广泛生长在温带、亚温带的落叶乔木树木，它的果实含有丰富的矿物质和维生素，而中熟、晚熟品种较易储藏，可以季产年销，销量居各类水果之首[1]。中国是世界上最大的苹果生产国和消费国，苹果产量早在1990年就位居世界前列，也是我国在加入世界贸易组织后为数不多的具有明显国际竞争力的农产品之一。在国内，苹果产业在农业、农村经济发展过程中起到重要作用，作为我国北方一些主产区的支柱产业，在调节产业结构、增加农民收入、提高农业生产效率等方面的作用日益突出。据统计数据，截至2016年末，我国苹果园面积已达2323.8千公顷，占实有果园面积的17.91%，产量为4388.23万吨，占全国水果总产量的15.48%。与1991年相比，苹果种植面积增长39.86%，产量增长866.57%。近20年来，我国苹果产业迅速发展，提高了农民收入，带动了相关产业发展，促进了区域经济的发展，改善了生态环境，但随着种植面积、产量的不断增长，国内市场容量、开发潜力有限，产品不能满足国外市场消费需求，苹果产业市场供给数量早已大于需求数量，近年来"卖果难"现象频繁出现。由于生产与销售联系不紧密、信息不完全造成的果农生产的盲目性以及市场机制不完善、主体发育不健全导致苹果产业难以健康有序发展，同时影响果农收入及主产区经济发展。尤其是在贸易全球化的背景下，如果不能发挥我国苹果产业的绝对优势、比较优势，不仅不能获得比较利益，还有可能使苹果产业陷入更加严峻的境地。乡村振兴的首要要求就是产业兴旺，对于苹果主产区而言，苹果产业的健康发展尤为重要。

20 世纪 90 年代初，在商品经济、市场经济的推动下，各地农村发挥自然资源优势、调整农业产业结构，促进了苹果产业的快速发展，1991~1996 年是我国苹果种植发展的一个高潮期，种植面积由 1661.5 千公顷增加到 2986.8 千公顷，6 年增长 79.77%，产量从 454 万吨增加到 1704.73 万吨，涨幅高达 275.49%。随后苹果生产进入调整阶段，减少不适宜种植区、品种效益差、管理技术落后地区的苹果种植面积，加大生产要素投入、提高生产管理技术水平，即使种植面积减少，产量也在持续增加。生产要素价格的上升以及投入量的增加使苹果生产总成本不断上升，全国平均苹果种植单位面积总成本已由 1991 年的 766.66 元上升到 2016 年的 5388.73 元，增长了 6.03 倍，成本的不断增加、苹果价格的下降使部分果农收益受到严重损害。在市场经济条件下，果农更为关心的是如何以最小的成本获得最大的收益。因此通过研究我国苹果种植成本收益状况，不仅可以促进苹果产业的持续健康发展，而且有利于果农有效利用自身拥有的有限资源获取最大的经济效益，提高果农收入。

1.2 研究目的及意义

1.2.1 研究目的

（1）使用《全国农产品成本收益资料汇编》中有关苹果的成本收益数据，分析 1991~2016 年我国苹果的成本收益以及成本结构变化情况，研究近 20 年来成本收益变化规律。

（2）对苹果主产区使用成本收益数据进行聚类分析，对 2004~2016 年不同地区的成本收益、成本结构变化情况进行对比分析，找出影响不同地区成本收益变化的主要因素。

（3）运用灰色关联分析法对影响不同地区苹果收益的主要因素进行排序，并计算影响度，对比分析不同地区影响因素的差异，提出提高苹果生产收益的建议。

1.2.2 研究意义

农产品成本收益问题一直是关系农业经济与农民收入的重要问题，农产品生产要素投入的变化不仅是影响农民收入的重要影响因素，而且能体现出农业生产技术水平以及生产要素结构的变化。

本书首先介绍我国苹果种植生产的基本情况，包括总结我国近 20 年来的苹果种植面积、产量变化情况，苹果主产区分布情况，有助于了解我国近年来的苹果生产变化情况；其次分析全国苹果生产成本收益变动趋势，对不同类别地区苹果生产成本收益变动进行比较分析，并找出影响苹果生产收益的主要因素，有助于资源优化配置；使果农在利用有限资源的情况下，发挥比较优势，以最小成本获取最大收益。通过以上研究分析，可以为提高苹果生产收益、降低生产成本提供理论依据，同时基于成本收益数据将苹果主产区进行划分并对成本收益变动进行趋势分析，可以揭示高效区成本收益变化规律，对中效区、低效区提高种植收益进而提高农民收入有借鉴意义。

1.3 研究现状

自改革开放以来，在市场经济发展推动下，各地农村发挥自然资源优势，调整农业产业结构，使苹果产业发展迅速，1991～1996 年是我国苹果产业发展的一个高潮期。在这样的发展背景下，越来越多的学者关注到苹果产业的发展问题，且大多数研究集中在适宜种植苹果地区以及种植苹果效益显著的地区。

陈凯等在苹果生产质量低、优质产品少、缺乏市场竞争力现状下，依据 1985 年、1989 年农业部对优质水果产品评比选出的 72 个优质种植地区的相关气象资料，对优质苹果的品种构成、分布区域、品种生态适应性、苹果种植适宜区的生态指标做了详细的分析和讨论，为我国苹果种植提供了科学依据[2]。同时期的美国学者则对美国苹果产业发展现状提出了针对苹果产业从生产到销售所有领域的改革措施，分析全球一体化对苹果产业的影响[3]。

在早期研究中，高春新对山东苹果产业从品种、栽培技术、病虫害防治研究、贮藏等科技现状的研究，让我们初步认识到科学技术发展对苹果产业发展的重要性[4]。随着苹果种植面积、产量的不断上升，国内市场趋近饱和，苹果价格下降，各地陆续出现了"卖果难"的现象。包纪祥等在20世纪90年代初出现的"苹果热"现象下，分析了陕西渭北苹果带的产销形势，依据人口发展速度和消费结构变化趋势估计了苹果需求和供给的市场前景，提出陕西苹果产业发展在产业布局上坚持"三栽三不栽"原则，在生产决策方面要依据消费者实际消费水平及市场需求量进行生产并积极参与国际市场竞争，发挥自然环境优势，提高果品质量，同时加快包装、储藏、运输、加工等非农产业的发展等建议[5]。赵贵宝在国内市场水果供给大于需求的情况下看到我国果业走向国际市场的机遇，认为面对世界农产品贸易大国早已开始争夺、占领国际市场的行为，具有生产绝对优势和比较优势的我国水果产业如果不走向国际市场，不仅不能获得比较利益还有可能使水果产业陷入更加危险的境地，因此针对我国水果产品质量、国际市场情况、相关产业发展、水果产业化发展提出了相应的对策及建议[6]。之后一段时间的研究主要集中于苹果"卖果难"现象。在苹果产业发展初期，苹果与其他农产品相比效益显著，许多苹果种植不适宜区也大量种植苹果，导致苹果产量增加但质量却不高，而且近几年栽植的果树开始挂果，进入盛产期后，苹果必然供给过剩，最后导致苹果难卖，价格下跌。自1996年以来，苹果价跌客少，果农不能准确判断市场前景，陕西渭北高原地区掀起挖果树的浪潮，不少果农不能接受价格下跌导致的收益减少，选择不再种植苹果树。王安平和徐芳焦认为果农应当对生产投入产出有所了解，能够计算出净收益，不能仅仅依靠价格变化做出生产决策[7]。苹果种植品种结构的不合理、果品质量不高、产后加工贮藏技术落后、市场经济下小生产与大市场之间的矛盾日益突出、没有形成产业化经营[8-10]都造成了"卖果难"现象的产生。

随着全球农产品贸易自由化进程的不断推进，各个国家、地区之间由于资本、技术、劳动力以及自然资源的互补性导致国际贸易快速发展[11]，众多学者对苹果产业的研究由国内市场转向国外市场。虽然我国水果业发展态势变缓，但产量不断增加、供求矛盾日益突出、出口量极低，在与其他国家相比水果业发展较为落后的现状下，加入世界贸易组织可能会带来丢失一些国内中档、高档水果市场以及果农收入下降等不利影响，但同时也带来了发挥我国自然资源、劳动力等优势的机遇，有助于我国适应市场需求，发挥水果业发展潜力，优化水果业产业结构，形成行之有效的产销、流通机制[12]。

加入世界贸易组织后，我国水果业将面临鲜果、果汁出口增加，水果产业、品种结构不断调整，果品质量提高，资源配置优化的积极影响，同时也有部分水果业、水果加工业将受到不同程度的冲击[13]。整体来看，我国苹果在种植面积、总产量上有明显的规模优势，而且由于生产成本低，还具有明显的价格优势[14-15]，但在单产方面、品种方面、出口方面竞争力不强[14]，面对上述出现的问题，苹果产业应该在生产方面优化品种结构，合理规划生产区域布局，改良品种，提高果品质量，通过实现产销结合降低成本，加强果园管理、降低生产风险，加大苹果生产相关技术的研究投入；在产后营销方面，发展鲜果储存及果汁、果酱等深加工技术，建立生产、加工、贮运、销售结合的现代经营产业组织，推进苹果产业化发展，发挥品牌优势[13-15]。加入世界贸易组织后，苹果作为我国为数不多的具有国际竞争力的农产品之一[16]，依据贸易竞争指数测算我国苹果鲜果的国际竞争力低于其他苹果主要出口国，苹果生产与加工结构比例失调，普通果汁出口潜力较大。从国际市场占有率来看，我国苹果鲜果、浓缩汁占有率都不高，但普通苹果汁所占国际市场份额不断上升[16]。虽然苹果出口差距明显，但应看到我国具有生产规模、自然资源、价格、区位等竞争优势[17]。使用出口函数发现，苹果价格和国际市场需求对我国苹果出口有着显著影响，但价格因素并不是提高出口、国际竞争力的长久之计，应当依据不同国家的消费水平和消费结构确定不同的市场主攻方向[18]。

2003 年农业部研究编制了《优势农产品区域布局规划（2003~2007 年）》，其中包括了《苹果优势区域发展规划》，在经过苹果种植结构调整之后，我国苹果种植区域不断集中，产量稳步提升[16]，之后学者对于苹果产业的研究更加广泛，主要有以下几个方面：

第一，加强苹果成本研究，提高果农种植收益。在对1990~1997 年我国的苹果生产成本研究中，劳动、化肥、机械、资金投入变化不大，机械与化肥投入之间无明显替代性，说明苹果生产依旧是典型的劳动密集型生产，资金投入变化同价格变化一致[19]。也有学者将我国 2002 年苹果生产成本、价格同韩国相比，发现有明显的优势，劳动力价格的优势是生产成本优势的主要影响因素，而韩国的苹果生产优势主要是由于非价格、质量体现在单位面积产量上的优势[20]。对国内主产区之间的生产成本进行比较，采用要素价格分析法将陕西苹果 2002 年物资费用、用工作价同甘肃、宁夏对比，发现陕西在生产成本上有一定的优势，但由于化肥、农药费等因素导致物资费用高于其他两个省份，使用因素分析法对影响陕西苹果单位面积生产成本的因素分析后，发现农用物资价格上升是苹果生产成本上升最主要的原因，而人工成本上升则主要是由于劳动日价格上升幅度大于用工量下降的幅度，化肥、农药、排灌作业费用的不断提高，成为物质费用的主要构成部分[21]。苹果园精细化管理的要求提高以及劳动力的季节性短缺[22]，使苹果生产的人工成本上涨，所占成本比例也愈来愈高。作为劳动密集型生产的苹果产业，人工、农资等成本不断上升会影响果农收入，实施节本增效生产技术，能够降低苹果种植成本，进而提高果农收入[23]。苹果的品种不同，同样也影响了苹果种植成本[24]。

同时依托成本收益数据，从投入产出角度研究生产效率，也为提高果农收益提供参考依据。技术进步是影响苹果种植户全要素生产率的重要因素[25-26]，规模效率具有地区差异性[27]。参与合作社成员在成本效率、技术效率、规模效率方面均高于非社员[28]，未加入合作社导致交易成本的提高，降低了非社员的生产效率[27]。除技术进步作为重要影响因素外，通过三阶段

DEA 模型测定还发现，环境因素、随机因素影响我国苹果生产技术效率显著，苹果生产管理水平不高，没有达到规模经济[29]。也有使用随机前沿函数模型研究土地细碎化以及劳动力结构对我国苹果生产技术效率的影响，结果表明，土地细碎化阻碍了苹果种植户生产技术效率的提高，劳动力老龄化能提高生产技术效率，而女性劳动力、劳动力受教育程度对生产技术效率无显著影响[30]。针对土耳其农场的研究数据发现，果农的经验、土地细碎化程度、种植面积、单产水平影响了苹果生产技术效率[31]。

在苹果生产中针对果农的订单安排期望[32]、农产品追溯体系感知与参与[33]、参与中介组织[34]、销售信息获取[35]、安全农药选配[36] 等一系列行为的影响因素进行研究与分析，可以针对农户特定行为提出改善措施及建议。也有基于交易成本理论研究果农如何选择垂直协作方式、销售渠道的行为[37-38]，并对加入果农合作社与未加入合作社非社员在苹果生产、销售过程的交易成本进行对比，认为加入果农合作社的社员可以减少谈判、运输成本、降低违约损失，且交易成本降低是果农加入合作社的重要因素[39]。

第二，规划苹果生产布局，推进产业向优势区集中，促进产业健康持续发展。在市场经济发展初期，由于苹果具有较高生产效益，而农户生产具有盲目性，以价格为依据选择是否种植苹果树；在经历了苹果种植结构调整、价格下降的调节以及苹果优势区规划的发布，我国苹果生产区域逐渐向优势产区渤海湾、黄土高原区域转移。苹果生产布局的不断集中，有利于发挥我国有绝对优势的自然生态资源，降低生产成本，实现自然优势向产品、经济优势的转化，减少各种资源浪费，防止农药、化肥等污染环境，实现了生态效益的最大化。同时苹果生产区域的集中，能实现生产条件"同一性"、社会服务"统一性"的有机结合，解决小农户与大市场之间的矛盾[40]。近年来，对苹果产业布局的研究逐渐多元化。基于局部均衡理论研究发现，在自然灾害、灌溉条件、苹果生产的比较效益等因素的推动作用下，我国苹果产业布局整体来看向渤海湾、黄土高原产区集中，且在优势区域内产生了"西移北扩"现象[41]。考虑到生产成本及农户决策行为，新生产格局的形成受到了土地成本和人工成本的显著影响[42]。

第三，实施非价格竞争战略，提高苹果附加值。提高果品质量，加大密集生产要素投入，苹果生产管理精细化，劳动生产率的提高补偿了资本生产率的降低，最终使生产效益提高[43]。创新苹果栽培方式，采用有机种植苹果方式，提高果品质量，即使产量低也不会影响果农收益[44]。在有机和传统种植模式中选择，绿色产品能给果农带来更高的收益[45]。申请地理标志对苹果生产成本并无太大影响，但在其他条件不变的情况下，可以明显提高苹果的成本收益率[46]。

提高苹果生产的收益，首先要研究影响苹果生产收益的因素。增加物质资本、劳动力投入可以提高苹果单位面积产量，但提高程度有限，且自然灾害是导致苹果生产单位面积产量较低的主要因素[47]。受果园种植规模、精细化管理的影响，机械等动力代替劳动力的劳动节约型技术选择并不能增加果农收入，反而是增加劳动投入代替机械使用可以提高果农收入[48-49]。随着劳动力成本的不断提高，劳动投入的增长比不上物质、技术投入增长带来苹果产量的提升[50]。从果农的供给反应进行研究，苹果前期销售价格、种植习惯对苹果种植面积有正向影响，生产成本、机会成本的上升会降低果农生产积极性，进而减少种植面积[51]。使用不同的栽培技术同样影响苹果生产收益，通过对比乔砧密植、矮砧密植栽培技术发现，矮砧密植栽培技术有着节约人工、土地成本、净收益高的优势，但同时物质资本投入较高是其发挥技术优势的阻碍因素[52]。使用回归方法对2001~2013年陕西的成本收益数据进行分析，从成本方面来看，影响果农种植收益下降的主要原因是家庭用工、雇工、化肥、农药等成本费用的上升[53]。从敏感度、贡献率角度研究1998~2015年山东的收益变动发现，价格是影响果农种植收益最主要的因素[54]。

综上所述，从我国市场经济开始发展，苹果产业的各种变化情况就受到众多学者的关注。从苹果生产一开始的快速增长阶段到调整阶段再到现在的平稳阶段，苹果产业的现状、布局变化、经济效益、竞争力、果农在生产中的各种行为等问题一直是学术界研究的重点，但针对苹果生产成本收益问题的研究仍局限于全国分析、主产省份分析以及主产省份的对比分析。因此，本书采用成本收益数据对主产省份进行分类，使用新的分类方法对不同地区进行比较分析，并研究影响不同地区种植收益的因素。

1.4 研究内容

本书主要是从成本收益角度研究我国苹果产业。首先，本书对苹果种植成本、收益、成本收益核算体系等相关概念进行明确界定，并总结成本收益理论。其次，利用《全国农产品成本收益资料汇编》中有关苹果的成本收益数据，分析1991~2016年我国苹果的成本收益以及成本结构变化情况。依据成本收益数据对苹果主产区进行聚类分析，对比分析不同地区成本收益的变化趋势及成本构成情况。再次，采用灰色关联分析方法对比分析不同地区影响苹果生产收益的因素及影响程度的大小。最后，根据对比分析结果提出增加高效区、中效区、低效区苹果生产收益的建议。本书的研究主要包括以下几部分：

第一部分是引言和相关概念界定及理论介绍。

第二部分主要介绍我国苹果种植生产的基本情况，并依据《全国农产品成本收益资料汇编》中有关苹果的成本收益数据，分析1991~2016年我国苹果的成本收益、成本结构变化情况。

第三部分使用成本收益数据对苹果主产区进行聚类分析，将主产区划分为高效区、中效区、低效区，对比分析2004~2016年不同地区成本收益的变化趋势及成本构成情况，找出影响苹果生产收益的因素。

第四部分主要通过灰色关联分析方法对影响苹果生产收益的

因素进行排序，根据层次分析法得出各影响因素的影响度大小，并对不同地区进行对比分析。

第五部分结论及建议。总结前文分析结论，根据前文对比分析结果提出提高苹果生产收益的建议。

1.5 研究方法及技术路线

1.5.1 研究方法

（1）趋势分析法。本书对全国以及不同地区苹果生产成本收益情况进行分析时采用了趋势分析法。

（2）比较分析法。本书在分析对不同地区成本收益以及成本构成状况，运用灰色关联分析法计算出各地区影响苹果种植收益因素的排序及影响度大小时，均采用比较分析法对不同地区不同结果进行比较分析。

（3）实证分析法。采用灰色关联分析法将各因素对苹果生产收益的影响程度进行排序，采用层次分析法确定各影响因素对苹果生产收益的影响度大小。

1.5.2 技术路线

本书的技术路线如图 1-1 所示。

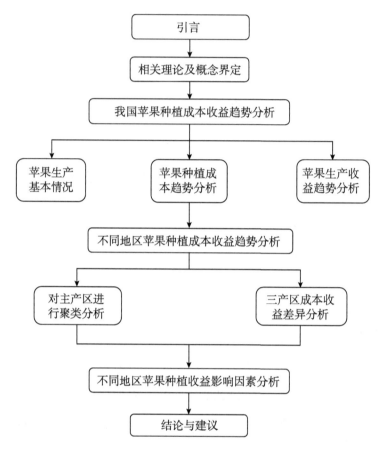

图 1-1 本书的技术路线

1.6 可能的创新点及不足之处

1.6.1 可能的创新点

（1）本书对苹果主产区进行划分时，为了刻画不同产区成本收益的内在异同性，从投入、产出、回报三方面选取苹果生产单位面积的总产值、生产成本、土地成本、净利润、成本利润率作为指标变量对苹果主产省份进行成本收益聚类分析。

（2）在研究过程中发现在研究多因素影响分析的方法中灰色关联分析方法具有对数据要求不高、计算简便的优势，因此本书使用灰色关联分析方法分别对不同地区影响苹果生产收益的因素进行排序，并根据排序结果建立两两判别矩阵，计算各因素对生产收益的影响程度，对比分析高效区、中效区与低效区的差异。

1.6.2　不足之处

（1）在对苹果主产区使用成本收益数据进行聚类分析时，各指标数据均按照不同地区、不同指标每年所占全部年份的比重作为权重综合计算而来，权重的选取计算方法可能会对聚类分析结果产生影响。

（2）由于自然环境、地理气候因素等不可控因素对农业生产影响极大，但具体数值难以量化，因此本书对苹果成本收益的研究主要使用能够可靠计量的生产要素类投入数据，没有考虑生态环境因素的影响，影响了研究的准确性。

（3）由于从 2004 年开始我国对农产品成本收益使用新的核算体系，为防止统计口径不一致，在对不同地区成本收益进行研究时，使用的是 2004~2016 年的成本收益数据，不能体现各地区 2004 年之前的变化规律。

2 理论概述及概念界定

2.1 成本收益理论

"理性人"假设是微观经济学进行所有分析的基本前提，这个假设的基本特征是每个人都是利己的，即每一个从事经济活动的人都是付出最小的经济代价来获取最大的经济利益。想要实现利润最大化，就要进行成本收益分析。

2.1.1 成本

西方经济学家从资源稀缺性这一角度出发，引入机会成本概念，认为生产成本从机会成本的角度来理解包括显性成本和隐性成本。显性成本是指生产者在生产过程中实际支付的购买或租用生产要素的全部价格，隐性成本是指生产者耗费的本身拥有的生产要素的价格，从机会成本来看，这些生产要素的价格都必须是用于其他用途所能获得的最高收入。

会计学中成本不同于"经济成本"。会计成本是指企业在生产产品（提供劳务）过程中直接耗用的材料费用、职工薪酬等以及不能直接计入按照一定比例分配计入的各种间接费用。在会计核算中可以将生产成本划分为直接材料、直接人工和制造费用，直接材料和直接人工即为直接成本，是指在生产过程中直接用于生产产品的原材料、燃料、动力及劳动力，制造费用为间接成本，是指不能直接计入但应按一定分配标准计入的产品成本。会计衡量的主要是生产过程中的显性成本。

产业组织理论作为微观经济学的一个重要分支[55]，更加侧重于不完全竞争市场下市场结构、厂商行为、经济绩效的研究，而成本既是决定厂商行为（如定价）的关键因素之一，又是市场结构的重要决定因素。

2.1.2 成本收益分析

在经济活动中进行成本收益分析就是理性经济人企图以最小成本获取最大收益或既定收益下的最小成本投入。成本收益分析是用于项目价值评估时比较投入成本和获取收益的一种方法。19世纪法国经济学家朱乐斯·帕帕特在其著作中首次提出成本收益分析方法的概念，之后被意大利经济学家帕累托重新界定。直到20世纪30年代，成本收益分析方法开始应用于美国洪水控制法案、田纳西州泰里克大坝的预算。随着经济的不断发展，成本收益分析开始广泛应用于评估量化各种项目价值。

成本收益分析可以用投入成本与获得收益之间的比较关系或比例关系来表示，通常有两种形式：第一，净收益，即收益与成本之差，差额大于 0，表明可以进行生产或项目可行；第二，成本利润率，即净利润与总成本的比值，比值大于 1，表明可以进行生产或项目可行。

2.2　苹果生产成本收益核算
　　体系及相关概念

农产品成本核算正逐步由会计成本向经济成本过渡[56]。2004年，新农产品成本调查核算方法在我国开始实施，与1998版核算体系相比不仅调整了体系结构、指标名称、含义、指标之间的关系，而且调整了调查汇总方法。

本书主要对在2004版的农产品成本收益核算体系下核算的各个指标对苹果生产成本收益进行分析，主要指标解释如下：

（1）苹果种植总成本是指在苹果种植过程中果农所投入的现金、实物、劳动力和土地等所有资源的成本，它包括生产成本和土地成本。

（2）苹果生产成本包括物质与服务费用、人工成本，是指在苹果直接生产过程中为生产苹果所投入的除土地资源以外的各项资金（包括实物和现金）和劳动力的成本。

（3）苹果生产土地成本，包括流转地租金和自营地折租，是指土地作为一种生产要素投入到苹果生产中的成本。

流转地租金是果农转包他人耕地或承包集体机动地所付出的土地租赁费用，自营地折租是从机会成本角度出发，按一定方法和标准折算果农使用自己拥有土地所应该计入成本的部分。

（4）苹果生产的物质与服务费用是指在苹果种植过程中投入各种生产资料的费用、购买不同服务以及与生产相关的其他实物或现金支出，可划分为直接费用、间接费用。直接费用是指在苹果种植过程中发生的直接物质资料与服务费用，包括种子费、化肥费、农家肥费、农药费、农膜费、租赁作业费等 11 个项目。间接费用主要是核算在苹果种植过程中应当分摊到生产成本中的间接物质与服务费用，包括固定资产折旧、税金、保险费、管理费、财务费、销售费 6 个项目。

（5）苹果生产人工成本由家庭用工折价和雇工费用构成，是苹果生产过程中直接使用劳动力的成本。

家庭用工折价是从机会成本角度按一定折算方法和标准将苹果生产过程中使用的家庭用工计入成本，家庭用工包括果农及其家庭成员的劳动、与其他果农互换及他人无偿提供的劳动用工。家庭用工折价用劳动日工价和家庭用工数量的乘积来计算。家庭用工天数是指将折算成中等劳动力的家庭用工劳动的总劳动数按 8 小时折算的天数。劳动日工价指一个果农从事一个标准劳动日的苹果生产劳动的理论报酬。

雇工费用是果农实际支付的因雇用雇佣工和合同工的劳动的所有费用，不仅包括工资，而且应含有合理的饮食、招待、住宿、保险等费用。雇工天数指果农雇用工人总的劳动小时数按 8 小时折算的天数。雇工工价是平均一个雇工从事一个标准劳动日的劳动所得到的全部报酬。

（6）苹果生产物质与服务费用里的主要费用项目。

种子费是指果农实际播种使用的种子、种苗、秧苗等支出。一般情况下，苹果的种子费很低或者几乎没有。

化肥费指苹果生产过程中果农实际施用的氮磷钾、复混肥以及钙肥、微肥、菌肥等各种化肥的全部费用。化肥折纯用量即化肥使用量是苹果生产过程中各种化肥按照有效成分含量折成的数量。

农家肥费是苹果生产过程中实际施用的包括粪肥、厩肥、绿肥、堆肥、饼肥、沤肥、泥肥、沼气肥等农家肥的支出。

农药费是苹果生产过程中果农实际支付的所用杀虫剂、杀菌剂、除草剂、抗菌素等化学农药的费用。

租赁作业费包括机械作业费、排灌费、畜力费，指果农在生产过程中租用其他单位或个人的拖拉机等农业机械进行机耕、运输作业，排灌机械进行排灌作业，以及耕畜进行作业时实际发生的所有费用。其中，拥有耕地面积较少的一般农户使用自有的机械作业、排灌作业、耕畜可视为租赁作业。

工具材料费是果农当年购置的小件农具、工具、用具，以及用于苹果生产过程中的低价值材料所支付的所有费用，不包括农膜费。

（7）产值合计包括主产品产值和副产品产值。主产品产值是指果农通过各种渠道出售苹果以及留存的苹果出售可能得到的所有收入之和。副产品产值是指出售与主产品密切相关的、一般与主产品属于同一作物不同部分的产品的收入所得。

（8）苹果种植净利润是指苹果总产值扣除种植总成本后的余额，反映的是苹果整个生产过程中全部投入的净回报。

（9）成本利润率是净利润与总成本之比，与苹果生产净利润相比，它反映的是生产中所消耗的全部资源的净回报率。

3 我国苹果种植成本收益分析

3.1 我国苹果种植基本情况

3.1.1 苹果种植面积变化情况分析

结合图 3-1 中我国苹果种植面积的年际变化以及苹果种植面积增长率的变化趋势，我们大致可以把 1991~2016 年的苹果生产分为以下四个阶段：第一阶段（1991~1994 年）快速增长阶段，苹果种植面积由 1661.5 千公顷迅速增长到 2690.2 千公顷，最高年增长率为 19.55%，涨幅达 61.91%。20 世纪 90 年代初我国农业产业结构调整，鼓励各地区种植除粮食以外的各种农作物，因此苹果种植面积大幅增长。第二阶段（1995~1996 年）种植面积由快速增长转为缓慢增长的过渡阶段，苹果种植面积增长率由 1994 年的 19.55%下降至 1996 年的 1.14%，种植面积仍在扩大，但增长缓慢。第三阶段（1997~2004 年）苹果种植面积迅速下降阶段，这是由于 20 世纪 90 年代苹果畅销，许多地区盲目扩大种植规模所致，仅 1991~1994 年种植面积就增长 1028.7 千公顷，对比 1996 年与 2004 年不同地区苹果种植面积分别占全国苹果种植面积比例发现，河北、山西、陕西、甘肃所占比例上升，辽宁、山东、河南所占比例下降，说明我国苹果种植在经历盲目扩大规模后进入调整阶段，减少不适宜种植、品种效益差、管理技术落后地区的苹果种植面积[57]，使苹果产业健康稳定持续发展。第四阶段，2005～2016 年稳定恢复阶段，在经过 1997～2004 年的种植结构调整之后，苹果种植面积又进入了缓慢回升的阶段，苹果种植面积由 1890.4 千公顷上升到 2323.8 千公顷，年平均增长率为 1.80%。

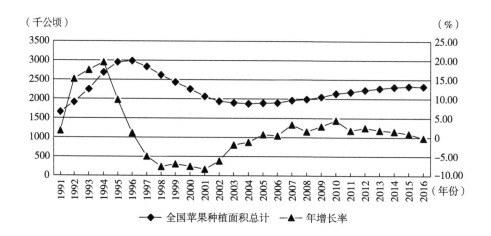

图 3-1 1991～2016 年中国苹果种植面积及增长率的变化趋势

资料来源：历年《中国农村统计年鉴》。

总体来看，我国苹果种植面积呈现上升趋势，从 1991 年的 1661.5 千公顷上升到 2016 年的 2323.8 千公顷，增长了 39.86%，在增长的过程中不断优化调整苹果产业种植面积。

3.1.2 苹果产量变化情况分析

由图 3-2 可知，从整体情况来看，我国苹果产量整体为上升趋势，1991～2016 年增加了 3934.23 万吨，2016 年苹果总产量是 1991 年苹果总产量的 9.67 倍。在整个增长的过程中，1997～

2004 年的苹果产量波动频繁，有增有减，对照 1997~2004 年苹果种植面积变化情况发现，我国苹果产业在 1997~2004 年进入调整阶段，种植面积减少、种植区域结构调整、农户投入缩减等因素造成苹果产量的波动变化，在调整结束后，我国苹果产量又进入了稳定增长的阶段。

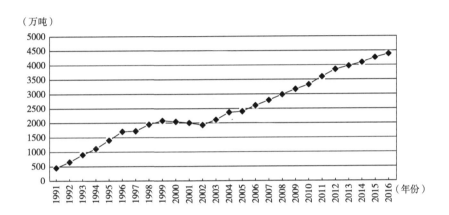

图 3-2   1991~2016 年全国苹果产量的年际变化

资料来源：历年《中国农村统计年鉴》。

3.2   我国苹果种植成本分析

本节研究 1991~2016 年我国苹果种植的成本收益变化趋势，所用数据均来自国家发展和改革委员会价格司编制的不同年份的《全国农产品成本收益资料汇编》，根据《全国农产品成本收益资料汇编》中农产品成本核算体系，苹果种植的成本具体构成如图 3-3 所示：

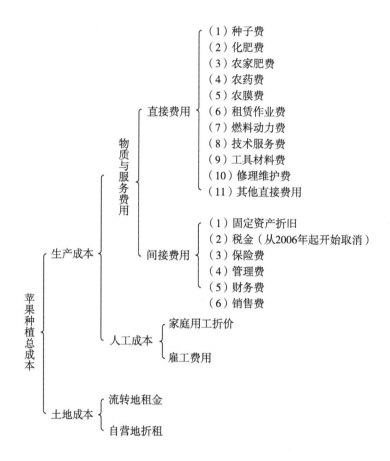

图 3-3　苹果种植成本构成

资料来源：历年《全国农产品成本收益资料汇编》。

3.2.1　苹果种植总成本及构成变化趋势分析

苹果种植总成本指在苹果种植过程中果农所投入的现金、实物、劳动力和土地等所有资源的成本，它包括生产成本和土地成本。在《全国农产品成本收益资料汇编》中用每亩总成本和每50公斤主产品总成本反映苹果种植总成本，为了成本前后分析的一致性，选取每亩总成本指标进行分析。

3.2.1.1 全国苹果种植总成本变化趋势

1991~2016 年，我国单位面积苹果种植总成本整体上呈现波动上升趋势。全国苹果种植单位面积总成本由 1991 年的 766.66 元增长为 2016 年的 5388.73 元，增长了 4622.07 元，与 1991 年相比增长了 6.03 倍。

由图 3-4 可知，分阶段来看，第一，1991~1996 年，除 1992 年苹果种植总成本下降了 11.80%外，1993~1996 年总成本一直在上涨，年均增长率为 23.48%；第二，1997~2002 年，苹果种植总成本从 1430.93 元下降到 910.77 元，只有 1999 年总成本略微上涨，增长率为 0.55%，其余年份年均增长率为-10.05%；

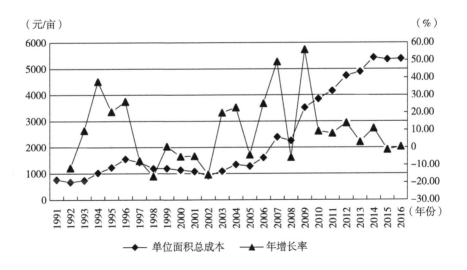

图 3-4　我国苹果种植单位面积总成本及增长率变化趋势

资料来源：历年《全国农产品成本收益资料汇编》。

第三，在 2003 年之后，单位面积苹果种植总成本基本上处于上涨状态，2003~2009 年，总成本大幅上升，年均增长率达 23.26%，其中在 2009 年增长率达最高值为 55.96%，在 2005 年、2008 年总成本有所下降，2009~2016 年增长较为平稳，年均增长率仅为 6.40%。

3.2.1.2　全国苹果种植总成本构成变化分析

在农产品成本核算体系中，产品总成本由生产成本和土地成本构成，由图 3-5 可知，苹果种植总成本主要由生产成本构成，且占苹果种植总成本的 90.36% 左右，比重由 1991 年 86.03% 上升到 2016 年的 93.76%，呈现上升趋势；相反地，土地成本占苹果总成本的比重则从 13.97% 下降到 6.27%（见图 3-5）。

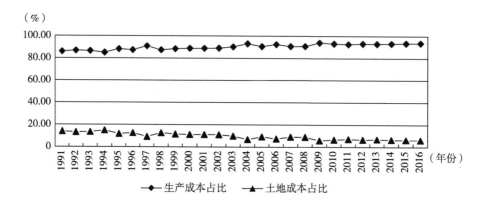

图 3-5　1991~2016 年我国苹果种植生产总成本构成比重变化情况

资料来源：历年《全国农产品成本收益资料汇编》。

3.2.2 苹果种植生产成本及构成变化趋势分析

3.2.2.1 苹果种植生产成本变化趋势分析

苹果种植生产成本包括物质与服务费用、人工成本，是指在苹果直接生产过程中为生产苹果所投入的除土地资源以外的各项资金（包括实物和现金）和劳动力成本。此部分讨论的苹果种植生产成本为每亩生产成本。

由于苹果种植总成本主要由生产成本构成，1992~2016年苹果种植生产成本占总成本的比重在90.36%左右，同时观察到图3-6中苹果单位面积总成本年增长率与生产成本年增长率变化趋势线基本重合，因此25年间生产成本变化趋势与总成本变化趋势基本一致。1991年生产成本从659.56元到1996年上涨到1355.58元，增长了1.06倍，到2002年又下降为811.11元，1997~2002年减少生产成本489.36元，年均增长率为−7.90%。2003~2016年，生产成本基本呈现上升趋势，从985.22元上涨到5051.00元，增加了4.13倍，年均增长率为15.40%。

苹果种植生产成本由物质服务费用和人工成本组成，两者的变化可以反映生产成本的构成变动。由图3-7可知，1991~2011年苹果种植的物质与服务费用、人工成本、生产成本从增长的绝对量来看变动趋势基本一致。1991~1996年逐年上涨，1997~2002年逐渐下降，2003~2011年又恢复上涨趋势，但个别年份、不同年份增长变动程度仍有差异。物质与服务费用：1991~1996年由442.12元上涨到658.15元，上涨了216.03元，1992年下降了23.03%，年均增长率为10.07%；1997~2002年开始下降，

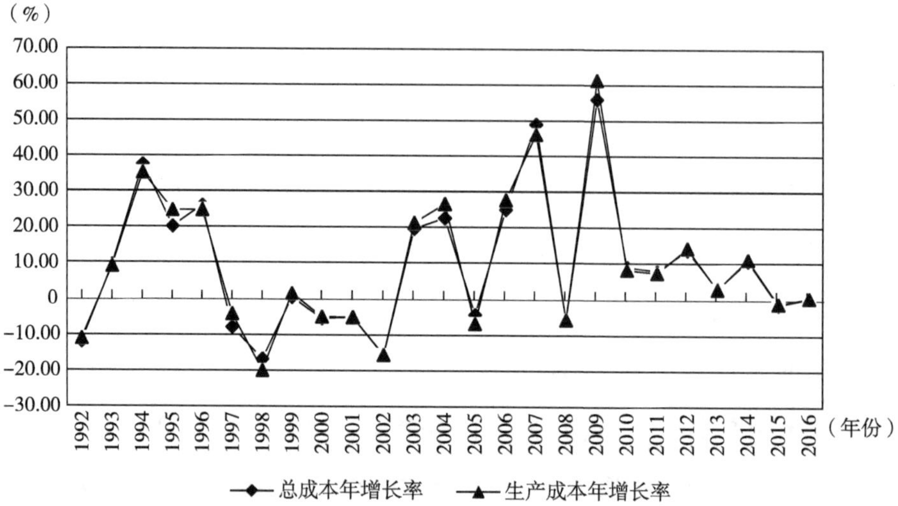

图 3-6　1992~2016 年我国苹果种植单位面积总成本年增长率、生产成本年增长率变化

资料来源：历年《全国农产品成本收益资料汇编》。

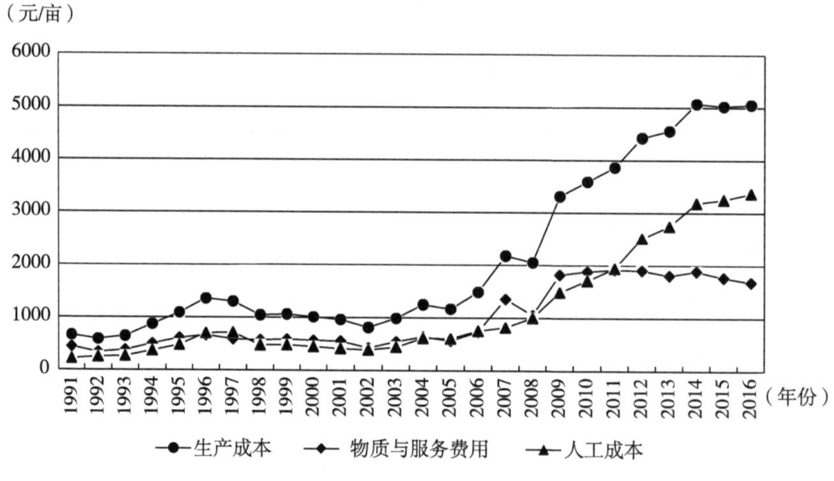

图 3-7　1991~2016 年我国单位面积苹果种植的生产成本及构成

资料来源：历年《全国农产品成本收益资料汇编》。

由 587.47 元减少到 423.29 元，减少 164.18 元，1999 年回升 2.82%，年均增长率为-6.69%；2003~2011 年由 544.82 元上涨到 1917.34 元，增长 1372.52 元，其中 2005 年、2008 年分别下降 12.16%、22.54%，其余年份年均增长率为 22.83%。人工成本：1991~1997 年由 217.44 元上涨到 713 元，增加了 495.56 元，年均增长率为 22.95%；1998~2002 年由 474.09 元减少到 387.82 元，减少了 86.27 元，1999 年略微回升 0.44%，年均增长率为-10.57%；2003~2011 年由 440.4 元上涨到 1944.15 元，上涨 1503.75 元，只有 2005 年下降 1.23%，其余年份年均增长率为 20.46%。

在 2011 年之前的物质与服务费用、人工成本占苹果种植生产成本的比例较为接近，均在 50%上下浮动，因此生产成本年增长率、物质与服务费用年增长率、人工成本年增长率趋势接近一致，说明在 2011 年之前物质与服务费用、人工成本的变化规律基本同生产成本一致，但在 2011 年之后人工成本占比逐渐上升，由 50.35%上升到 66.70%，对生产成本的影响较多，因此生产成本与人工成本变化较为一致，在图 3-7 中，从 2011 年开始人工成本明显上升，由 1944.15 元上升到 2016 年的 3369.15 元，增加了 1425元，年均增长率为 12.06%，物质与服务费用不升反降，由 1917.34元减少到 1681.85 元，下降了 235.49 元，年均增长率为-2.51%。

3.2.2.2 苹果种植生产成本构成变化分析

苹果种植生产成本主要由物质与服务费用和人工成本组成。如图3-8所示，对生产成本构成比例分析，人工成本占生产成本比例从 1991 年的 32.97%增长到 2016 年的 66.70%，增长了

33.73%，年均增长率为 3.53%；物质与服务费用所占比重从 1991 年的 67.03% 下降至 2016 年的 33.30%，下降了 33.73%，年均增长率为 -2.30%。在 2011 年之前，只有 1996 年、1997 年、2005 年、2006 年人工成本占生产成本比重超过了物质与服务费用所占比重，在 2011 年两者比重达到平衡之后，人工成本占比开始超过物质与服务费用占生产成本的比重，且呈上升趋势。

从以上分析可以看出，第一，1991~2011 年，苹果种植生产成本、物质与服务费用、人工成本的变化趋势为上涨—下降—上涨；2012~2016 年生产成本、人工成本继续上涨，而物质与服务费用呈下降趋势。第二，物质与服务费用、人工成本所占生产成本在 2011 年之前变动较大，之后人工成本在生产成本中所占比重越来越大。

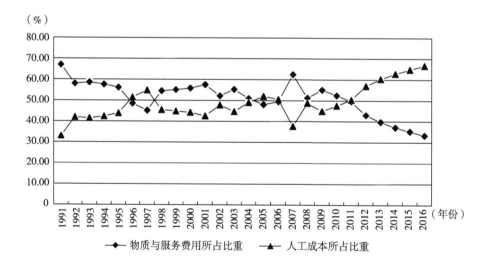

图3-8　1991~2016 年我国苹果种植生产成本构成比重变化情况

资料来源：历年《全国农产品成本收益资料汇编》。

3.2.2.3 苹果种植物质与服务费用构成及变动趋势分析

苹果种植的物质与服务费用是指苹果种植过程中投入各种生产资料的费用、购买不同服务以及与生产相关的其他实物或现金支出，可划分为直接费用、间接费用。直接费用是苹果种植过程中发生的直接物质资料与服务费用，包括种子费、化肥费、农家肥费、农药费、农膜费、租赁作业费等11个项目。间接费用主要是核算在苹果种植过程中应当分摊到生产成本中的间接物质与服务费用，包括固定资产折旧、税金、保险费、管理费、财务费、销售费6个项目。

从苹果种植的物质与服务费用和直接费用的总量变化来看，1991~2016年两者都表现出上涨—下降—恢复上涨—略有下降的趋势，且由于苹果种植直接费用占物质与服务费用平均比重为81.63%，两者的变动相对量也较为接近。苹果种植的间接费用一直低于直接费用，变化趋势也不同于直接费用。间接费用的变动情况：1991~1996年由178.88元上涨到197.57元，在此期间，1992年间接费用下降46.19%，但其他年份仍呈上涨趋势，最终间接费用增长10.45%；1997~2005年，除1998年上升29.08%，其余年份持续下降，由145.77元减少到26.43元，下降了81.87%，年均增长率为−17.50%；从2006年开始，苹果种植间接费用呈现上涨趋势，由37.14元上涨到312.70元，增长了741.95%，尤其是2009年增长率达409.76%，但在上涨过程中个别年份仍有下降，2009~2016年变动较为平稳（见图3-9）。

（元/亩）

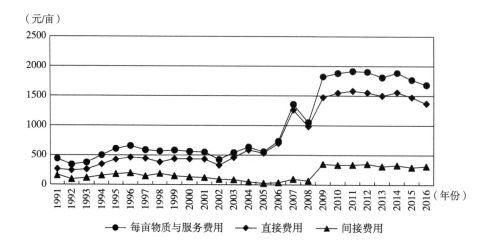

图3-9 1991~2016年我国单位面积苹果种植物质与服务费用及构成

资料来源：历年《全国农产品成本收益资料汇编》。

由图3-10中可知，1991~2016年直接费用中所占比重较高

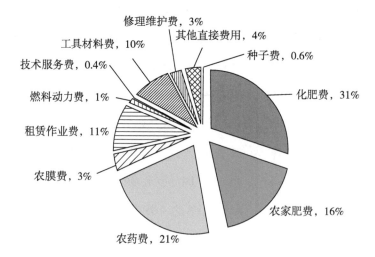

图3-10 1991~2016年我国平均苹果种植直接费用构成占比情况

资料来源：历年《全国农产品成本收益资料汇编》。

的是化肥费、农药费、农家肥费、租赁作业费（包括机械作业费、排灌费、畜力费）、工具材料费，其余各项直接物质与服务费用包括种子费、农膜费、燃料动力费、技术服务费、修理维护费、其他直接费用占直接费用的 11.99%。由于其中每项费用占苹果种植直接费用的比重都不大，因而对成本构成的影响较小。重点来看化肥、农药、农家肥的投入变化情况。

苹果种植的化肥费（见图 3-11）在直接费用中占比最高，一般在 30% 左右，1991~2016 年化肥费、农家肥费都大致经历了上涨—下降—快速上涨—逐渐下降的过程，但从化肥费和农家肥费占直接费用的比重对比来看，化肥费和农家肥费是可以相互代替的生产投入要素，农家肥占比的升高会引起化肥费占比的下降，从而减少化肥使用过量导致的土壤环境恶化等问题。

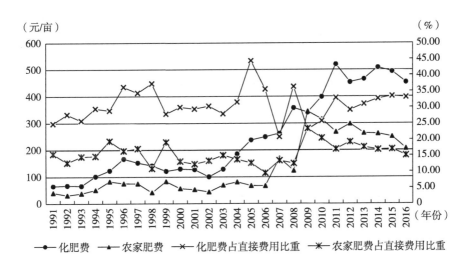

图 3-11 1991~2016 年我国苹果种植单位面积化肥费、农家肥费变化情况

资料来源：历年《全国农产品成本收益资料汇编》。

农药费（见图3-12）同样在直接费用中占有较大的比重，1991~2010年苹果农药费呈现波动上涨趋势，由113.56元上涨到287.21元，上涨152.91%，2011~2016年逐渐下降，到2016年降为228.52元，较2010年减少20.43%。从农药费占苹果种植直接物质与服务费用的比重来看，1991~2016年呈现波动下降趋势。1991年所占比重最高为43.14%，而2009~2016年所占比重基本上稳定在17%~19%。

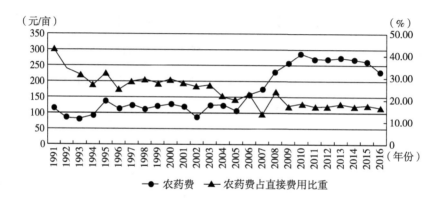

图3-12　1991~2016年我国苹果种植单位面积农药费变化情况

资料来源：历年《全国农产品成本收益资料汇编》。

从以上分析可以看出，在苹果种植的直接费用中，化肥费、农药费、农家肥费、租赁作业费、工具材料费等对苹果种植发挥直接作用的生产要素占比较高，且在2011年人工成本上涨之前变化趋势同生产成本变化趋势基本相同。这表明我国苹果种植主要还是简单生产，并没有发挥科技、资本的作用。

3.2.2.4　苹果种植人工成本构成及变动趋势分析

在前文分析中发现，自2011年之后苹果种植的人工成本超过物质与服务费用，呈现上涨趋势，且在生产成本中的占比也越来越高。苹果种植人工成本是由家庭用工折价和雇工费用构成的。如图3-13所示，1991~2016年，每亩人工成本从217.44元上涨到3369.15元，上涨了3151.71元，上涨了14.49倍；其中家庭用工折价由217.44元上涨到2049.90元，上涨了1832.46元，上涨了8.43倍；雇工费用从1998年的20.01元上涨到2016年的1319.25元，上涨了1299.24元，上涨了64.93倍。从上涨情况分析来看，苹果种植人工成本在26年间大幅上涨，且在成本中所占比重逐年提高，其中雇工费用的增长幅度最大，但就金额和所占比例而言还是比较小的，说明我国苹果种植还是以家庭生产劳动为主。

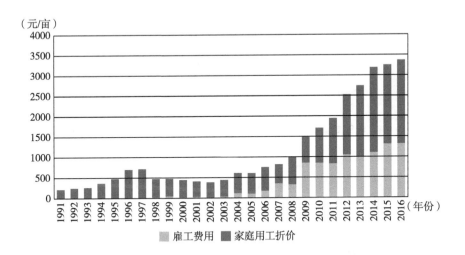

图3-13 1991~2016年我国苹果种植单位面积人工成本构成变化情况

资料来源：历年《全国农产品成本收益资料汇编》。

由图3-14可知，苹果种植的家庭用工天数在逐年减少，由

1991 年的 60.4 天到 2009 年后基本稳定在 25 天左右，雇工天数呈现波动式上升趋势，近几年也稳定在 12 天左右。劳动日工价、雇工工价都呈现逐年上升的趋势，增长幅度较大，且雇工工价高于劳动日工价。用工天数的减少说明苹果种植的劳动生产效率大幅提高，有利于降低生产成本，但工价的增长幅度远远超过劳动生产效率的提高，最终结果是苹果种植的人工成本上升。

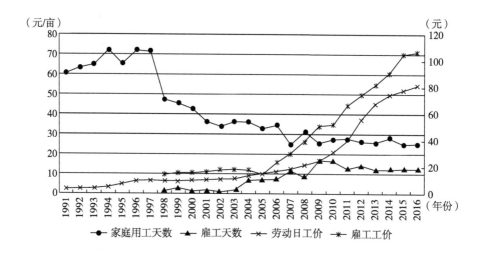

图 3-14　我国苹果种植单位面积家庭用工天数、雇工天数、劳动日工价、

雇工工价年际变化情况

资料来源：历年《全国农产品成本收益资料汇编》。

3.2.3　苹果种植土地成本构成及变化趋势分析

土地成本包括流转地租金和自营地折租。如图 3-15 所示，1991~2016 年，土地成本呈现波动上涨趋势，由 107.10 元上涨到 337.73 元，增加 230.63 元，增长了 2.15 倍。苹果种植土地成本的变化趋势大致分为以下几个阶段：1991～1996年为逐渐上涨阶段，土地成本由107.10元上涨到195.41元，增长88.31元，年均增长率为15.58%；1997～2004年土地成本明显呈现下降趋势，2004年较1996年下降了103.85元，年均增长率为-7.98%；2005～2014年为快速上升阶段，由2005年的119.87元上涨到2014年的358.83元，增加了238.96元，年均增长率为16.84%；2015～2016年，土地成本略有回落，平均土地成本为339.12元。

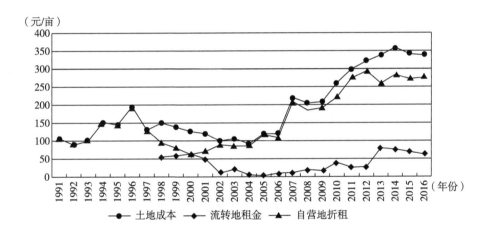

图3-15 1991～2016年我国单位面积苹果种植土地成本及构成

资料来源：历年《全国农产品成本收益资料汇编》。

从土地成本的构成占比来看（见图3-16），1998～2016年，自营地折租占苹果种植土地成本的比例整体呈现上涨趋势，由63.07%上涨到81.62%，增长18.55%，增长率为29.41%，相反，流转地租金所占比重下降18.55%，增长率为-50.23%。总体而言，苹果种植的土地成本中自营地折租始终高于流转地租金，但流转地租金在土地成本中所占比重下降幅度大于自营地折租比重的增长幅度，说明 1998～2016 年流转地租金在土地成本中的比重变化显著。

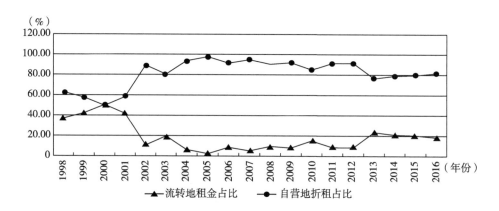

图 3-16　1998～2016 年我国苹果种植单位面积土地成本构成变化情况

资料来源：历年《全国农产品成本收益资料汇编》。

3.3　我国苹果种植收益分析

苹果种植收益一般是指苹果生产经营成果的经济效益，可以用净利润、成本利润率等指标来表示，其中净利润是苹果种植总产值扣除种植总成本后的余额，反映的是苹果生产整个过程全部投入的净回报；而成本利润率是净利润与总成本之比，与苹果生产净利润相比，它反映的是生产中所消耗的全部资源的净回报率。

3.3.1　单位面积净利润变化情况分析

从单位面积净利润的总体变化趋势来看，1991～2016 年苹果

生产净利润经历了先上升后下降的过程。具体来看，1991～1995
年苹果种植总产值持续上升，总成本变化不大，净利润缓慢上升，
1995 年比 1991 年净利润增加 624 元，增长了 90.24%；1996 年，
受市场价格和总成本上升的双重影响，总产值下降，总成本上升，
净利润大幅下降至 390.37 元，减少了 70.33%。随后至 2002 年，
总产值持续下降，总成本波动不大，净利润较为平稳，平均保持
在 359.15 元；2003～2010 年由于市场复苏，总产值大幅上升，
总成本上升幅度不大，导致净利润快速上升，净利润由 585.30 元
增加到 5031.68 元，增长了 759.68%，年均增长率达 41.89%；
2011～2016 年净利润大幅下滑且有持续下降趋势，主要是由于总
成本的大幅上升，尤其在 2015 年、2016 年产值不高、成本较高
的情况下，2016 年净利润仅有 896.80 元，较 2010 年净利润减少
了 4134.88 元（见图 3-17）。

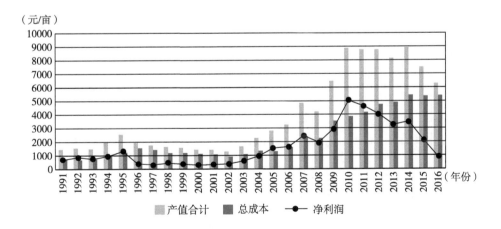

图 3-17　1991～2016 年我国苹果种植单位面积净利润、产值合计、总成本变化情况

资料来源：历年《全国农产品成本收益资料汇编》。

3.3.2 成本利润率变化情况分析

由图 3-18 可知，1991～2016 年我国的苹果生产成本利润率波动较大，净利润和总成本的变化都是引起成本利润率变化的原因，1991～1995 年，净利润与总成本差距不大，成本利润率较高，平均为 102.24%；1996～2005 年，总成本变化不大，成本利润率的变化主要取决于净利润的变化，随着净利润的不断上升，成本利润率由 1996 年的 25.17% 上升到 2005 年的 119.49%；2006～2016 年，总成本呈不断上升趋势，而净利润在 2006～2009 年逐渐上升，但由于上升幅度不大，成本利润率在这段期间不升反降，到 2010 年净利润超过总成本，成本利润率上升到 130.71%，2011～2016 年净利润不断下降，总成本却在上升，成本利润率持续下降。

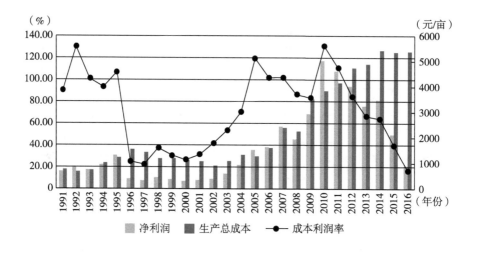

图 3-18 1991～2016 年我国苹果种植单位面积净利润、总成本、成本利润率变化情况

资料来源：历年《全国农产品成本收益资料汇编》。

3.4 本章小结

分析 1991～2016 年我国苹果种植相关数据发现：

（1）我国苹果种植面积及苹果产量总体呈现上升趋势，尤其是在经过 1997～2004 年种植面积、产业布局调整之后，生产区域更加向优势区域靠拢，集中发挥自然资源优势，提高单产水平，增加苹果产量。

（2）26 年来，全国苹果种植总成本构成变化不大，主要由生产成本构成，但苹果单位面积总成本大幅上升，与 1991 年相比，2016 年苹果单位面积生产总成本上涨了 4622.07 元。

（3）1991～2016 年苹果生产成本构成发生较大变化，人工成本占生产成本比重由 1991 年的 32.97% 上升到 2016 年的 66.70%，说明果农在生产要素投入的 2/3 是劳动力投入，且主要由家庭生产为主。在农村劳动力不断向非农生产领域、城镇地区转移的大背景下[58]，劳动力区域、季节性短缺，果农呈现老龄化、妇女化趋势，导致劳动密集型技术难以推广[59]，使人工成本不断攀升，成为果农收益下降的重要因素。

（4）分析 1991～2016 年我国平均苹果直接费用占比情况发现，化肥费、农药费、农家肥费、租赁作业费（包括机械作业费、排灌费、畜力费）是投入较高的生产要素，增加化肥、农药等生产要素的投入可以提高苹果生产单产水平。化肥与农家肥是可以相互替代的生产投入要素，但在我国化肥费依旧投入较高，化肥的直接使用会导致土壤环境恶化等一系列问题，目前我国正在大力推广有机肥替代化肥的技术方案，以改善化肥过量使用导致的生态环境问题。农药投入虽然占比较高，但所占直接费用比重较为稳定，且农药费有下降趋势，说明我国通过增强树势、及时防治、其他替代农药技术等措施有效降低了农药费，并提高了果品质量。

（5）我国苹果种植净利润在 2010 年之前整体呈现上升趋势，2010 年之后，仅在 2014 年苹果价格上涨时净利润上升，尤其是近几年来苹果种植总成本持续上升而产值不高的情况下，苹果生产净利润持续下降。就成本利润率而言，在 1995 年之前苹果需求量大，苹果生产收益高；随着供给的不断增加，苹果市场供过于求，在 1996 年苹果生产回报大幅下降，但在成本优势下，提高苹果质量，果农依旧可以获得较高收益；由于物资价格、人工成本的不断上涨，我国逐渐失去成本优势，且市场价格波动大，单纯的数量提升并不能提高苹果生产的产值，在成本提高幅度大于产值增长的情况下，净利润不断下降，进而造成成本利润率持续下降。

4 我国不同产区苹果生产成本收益差异分析

我国主要有渤海湾、黄土高原、黄河故道、西南冷凉高地四大苹果主产区，受自然生态环境、生产条件、市场需求等不同因素的影响，不同地区苹果生产的成本收益也不同。因此，对不同地区苹果生产进行投入产出分析有助于苹果生产区域布局优化、使不同地区苹果生产增产增效并提高苹果产业竞争力。

本章使用 2005～2017 年《全国农产品成本收益资料汇编》中不同地区苹果生产成本收益的数据，对各地区成本收益进行区域聚类分析，深入了解不同类别地区之间的成本与收益的差距，并依据成本收益变化的情况分析影响苹果生产收益的主要因素。

4.1 不同产区苹果生产情况比较分析

按照地理位置分布我国苹果生产可划分为渤海湾、黄土高原、黄河故道、西南冷凉高地四大苹果主产区。2003 年，农业部根据生态环境、产业基础、产品市场需求空间因素，将渤海湾产区、黄土高原产区确定为苹果优势产区，包括山东、辽宁、河北、陕西、甘肃、山西、河南 7 个主产省份。自进入 21 世纪以来，中国苹果生产集中度逐步提升，截止到 2016 年末，苹果主产区种植面积占全国的 86.25%，产量占全国总产量的 89.52%，因此本书选取 7 个主产省份作为代表来研究我国苹果种植成本收益的地区差异。本章选取 2005～2017 年《全国农产品成本收益资料汇编》中 7 个主产省份的成本收益数据进行分析。

4.1.1 我国苹果成本收益的区域聚类分析

我国苹果主产区主要是依据地理位置进行划分，用这种划分从成本收益角度进行分析很难说明区域内苹果生产成本的内在异同性[60]，故采用系统聚类分析方法对 7 个主产省份进行聚类。

聚类分析是一种研究样品或变量分类的多元统计方法，按照处理方法的不同，可分为系统聚类法、有序样品聚类法、动态聚类法等。系统聚类法是常用的对样品进行分类的一种方法，它开始将每个样品看成一类，计算两两之间的最小距离，将距离最小的两个类合并成一个新类，重新计算新类与所有类之间的距离，并不断重复该过程，直到所有类合并成一类。本章采用系统聚类法对七大主产区进行聚类，在 SPSS 软件操作聚类分析时选用 Ward 法，使同类样品的离差平方和尽可能小，类与类的离差平方和尽可能大，测算距离选取欧氏距离算法。

本部分数据源自 2005～2017 年《全国农产品成本收益资料汇编》统计的山东、辽宁、河北、陕西、甘肃、山西、河南 7 个主产省份苹果生产的成本收益数据，各个指标数据均按照不同地区不同指标每年所占全部年份的比重作为权重综合计算而来。从投入、产出、回报三方面选取苹果生产单位面积的总产值、生产成本、土地成本、净利润、成本利润率（见表 4-1）作为指标变量对 7 个省份进行成本收益聚类分析。

表 4-1 苹果主产省份单位面积成本收益主要指标

单位：元/亩，%

项目	河北	山西	辽宁	山东	河南	陕西	甘肃
产值合计	5273.14	4243.77	5695.68	10277.67	5425.47	7714.92	7855.67
生产成本	2649.05	2501.65	2959.20	5514.26	3338.59	2766.08	5352.05
土地成本	311.41	204.21	475.81	199.34	165.50	85.65	127.82
净利润	2445.08	1958.21	2942.79	5344.23	2328.10	5036.60	3640.12
成本利润率	107.90	95.02	132.62	113.86	80.94	157.46	116.49

得到聚类分析（见图 4-1）结果如下：

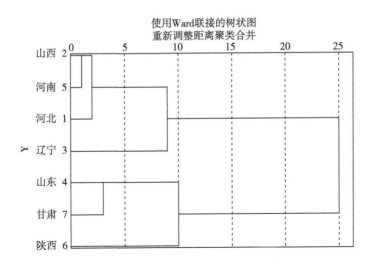

图 4-1 主要苹果生产省份聚类树状图

从欧氏距离为 10 处将 7 个苹果主产省份聚类为三类产区（以下简称三产区）：

第一类：陕西。与其他省份相比，该省份单位面积生产成本、土地成本投入较低，产值却高，回报也高，属于低投入高产出的高效区。

第二类：山东、甘肃。这两个省份的单位面积生产成本处于7个省份的前列，产值也较高，但与陕西相比，回报却不高，属于高投入高产出的中效区。

第三类：山西、河南、河北、辽宁。这4个省份投入的生产成本与陕西差距不大，产值却是7个省份中最低的，回报也不高，属于低投入低产出的低效区。

4.1.2 三产区苹果种植面积和产量变化情况分析

在图4-2和图4-3中，从外到内依次为低效区、中效区、高效区的种植面积和产量。分析图4-2，分别从三个产区来看：2004~2016年，三个区域苹果种植面积均呈上升状态。由于低效区由4个省份构成，种植面积最多，但苹果种植面积波动较小，年均增长率仅为0.12%；中效区种植面积在2008年以前大于高效区，之后在三个区域中种植面积最少且种植面积数量变化也不大，年均增长率为1.28%；高效区呈明显上升趋势，虽然只有陕西1个省份，但种植面积由412.1千公顷增加到704.8千公顷，增加71.03%，且与种植面积最多的低效区在数量上越来越接近。从整体来看，我国苹果种植面积近几年来比较平稳，但具体来看，从三个产区种植面积变化中发现，中效区与低效区种植面积变化不大且有下降趋势，高效区种植面积却一直在增加，说明我国对苹果种植区域布局逐渐由中效区、低效区向高效区转移集中，促进苹果产业稳定持续发展。

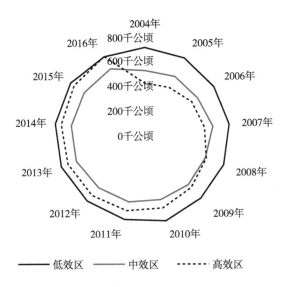

图 4-2　2004~2016 年三产区苹果种植面积变化情况

三个区域的苹果总产量都呈现上升的趋势，由图 4-3 可知，

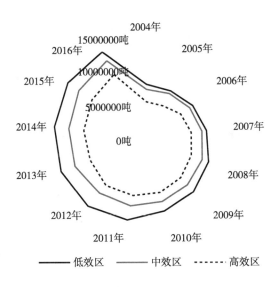

图 4-3　2004~2016 年三产区苹果产量变化情况

2004~2016 年低效区种植面积最大，苹果总产量最高，总产量与2004 年相比增长 80.41%，中效区增长 78.66%，高效区增长98.27%。此外，结合苹果种植面积发现，高效区的种植面积在2009 年超过中效区，但产量却始终低于中效区。

4.2 三产区苹果种植成本的地区差异分析

本节采用一般统计分析方法，对三个产区 2004~2016 年苹果生产成本收益的状况进行对比分析，数据源自 2005~2017 年《全国农产品成本收益资料汇编》。三产区的单位面积总成本、生产成本等指标是以各个省份种植面积占所在产区总面积的比重为权重加权计算而来。

4.2.1 三产区总成本变化趋势分析

（1）分析三产区总成本变化趋势，由图 4-4 至图 4-6 可知，2004~2016 年，三产区的总成本都呈现上涨趋势，其中中效区的总成本最高，年均增长率为 12.10%，增长速度最快，低效区年均增长率为 11.61%，高效区增长最慢，年均增长率仅为 9.09%。

由于生产成本约占总成本比重的 90% 左右，不同区域的总成本差异主要是由生产成本引起的。对于中效区来说，土地成本处于中间位置，但由于生产成本的不断增加，使总成本一直居高不下；将低效区与高效区相比，对比总成本与生产成本趋势可知，在 2008 年之后，两者出现差异，低效区总成本高于高效区，但两地区的生产成本差距不大，说明两地区的总成本差异主要是由土地成本引起的，高效区的土地成本一直较为平稳，没有太大变化，2004~2007 年，低效区的土地成本不断增加，但由于生产成本占比较高，并没有引起低效区总成本超过高效区，随着土地成本增长的不断累积，在 2008~2016 年低效区总成本大于高效区。

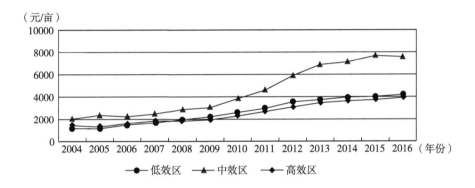

图 4-4　2004~2016 年三产区单位面积苹果种植总成本变化情况

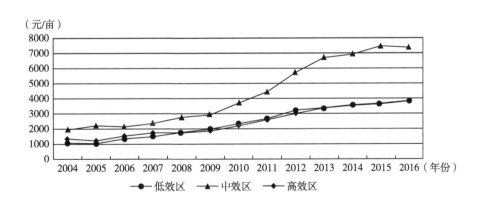

图 4-5　2004~2016 年三产区单位面积苹果种植生产成本变化情况

（元/亩）

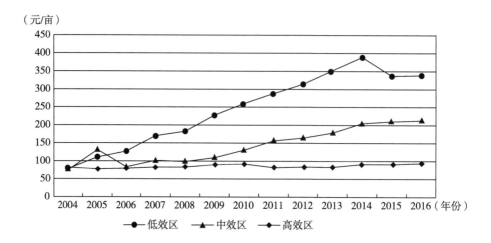

图 4-6 2004~2016 年三产区单位面积苹果种植土地成本变化情况

（2）从 2016 年三产区苹果种植生产总成本的构成来看（见图 4-7），不同产区影响种植总成本差异的因素不同。低效区生产总成本中占比较高的是人工成本、化肥费、土地成本、农药费、农家肥费、工具材料费，中效区、高效区生产总成本中占比较高的都是人工成本、化肥费、工具材料费、农药费、土地成本，差别在于化肥费、工具材料费投入的占比。三产区的人工成本、化肥费、农药费在总成本中的占比都较高，只有低效区的土地成本占比最高，为 8.07%，其他两个产区都只有 2% 左右，工具材料费的占比也是从高效区到低效区越来越低，中效区的化肥费投入占比最高，为 13.89%。总体来看，不同产区总成本构成基本相同，但低效区的土地成本投入占比、中效区的化肥费投入占比、高效区的工具材料费投入占比较高。

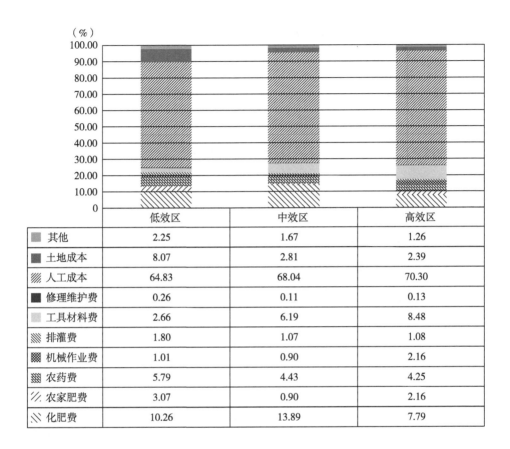

	低效区	中效区	高效区
■ 其他	2.25	1.67	1.26
■ 土地成本	8.07	2.81	2.39
▨ 人工成本	64.83	68.04	70.30
■ 修理维护费	0.26	0.11	0.13
▨ 工具材料费	2.66	6.19	8.48
▨ 排灌费	1.80	1.07	1.08
▨ 机械作业费	1.01	0.90	2.16
▨ 农药费	5.79	4.43	4.25
▨ 农家肥费	3.07	0.90	2.16
▨ 化肥费	10.26	13.89	7.79

图 4-7 2016 年三产区苹果生产总成本构成

4.2.2 三产区生产成本变化趋势分析

苹果种植总成本由生产成本和土地成本构成，图 4-7 中三产区扣除土地成本占比后，生产成本在苹果种植总成本中占比都达 90% 以上，由此可知，生产成本的变化趋势同苹果种植总成本的变化趋势基本一致。2004~2016 年，中效区的生产成本最高，高效区与低效区的生产成本比较接近。

（1）2004 年，苹果种植生产成本中物质与服务费用和人工成本基本持平，2016 年三产区的人工成本在苹果种植生产成本的比重分别达 70.72%、70.09%、72.11%，低效区、中效区、高效区的人工成本分别增长了 386.25%、450.84%、346.97%。

具体来看，苹果种植人工成本主要是由家庭用工折价和雇工费用构成的，其中家庭用工折价占较大部分，从表 4-2 至表 4-4 中可以看出家庭用工折价占人工成本的 70%~90%，是人工成本增长的主要原因。虽然由于劳动生产率的不断提高，家庭用工天数不断减少，但减少幅度不大，反而是由于农村劳动力减少、农民收入增加造成的劳动日工价的上升使家庭用工折价不断增长。其中中效区的人工成本一直处于最高水平，主要是由于家庭用工天数较多。

表 4-2　低效区每亩家庭用工折价变动　　单位：元，天，%

年份	劳动日工价	家庭用工天数	家庭用工折价	占比	人工成本
2004	13.70	36.52	500.33	89.42	559.52
2005	15.30	32.03	490.11	87.49	560.21
2006	16.90	36.47	616.40	89.96	685.23
2007	18.70	36.05	674.21	87.97	766.39
2008	21.60	37.76	815.53	88.68	919.68
2009	24.80	36.59	907.33	88.19	1028.78
2010	31.30	33.11	1036.45	78.59	1318.74
2011	40.00	31.31	1252.41	83.48	1500.30
2012	56.00	31.76	1778.73	84.29	2110.30
2013	68.00	28.53	1940.29	85.12	2279.47
2014	74.40	29.09	2164.06	88.15	2455.06
2015	78.00	27.45	2140.90	83.98	2549.36
2016	81.40	27.89	2269.94	83.43	2720.69

表 4-3　中效区每亩家庭用工折价变动　　单位：元，天，%

年份	家庭用工天数	家庭用工折价	占比	人工成本
2004	56.05	767.86	81.87	937.90
2005	59.17	905.33	86.15	1050.83
2006	54.62	923.04	81.64	1130.56
2007	55.90	1045.31	80.82	1293.33
2008	57.73	1247.03	83.19	1499.09
2009	58.41	1448.66	84.48	1714.71
2010	62.86	1967.44	89.24	2204.71
2011	62.14	2485.98	88.07	2822.57
2012	62.94	3524.70	90.42	3897.98
2013	61.45	4178.71	90.36	4624.31
2014	59.96	4461.30	91.16	4893.82
2015	57.52	4486.60	85.97	5218.73
2016	55.64	4528.62	87.66	5166.28

表 4-4　高效区每亩家庭用工折价变动　　单位：元，天，%

年份	家庭用工天数	家庭用工折价	占比	人工成本
2004	32.48	444.98	72.16	616.70
2005	31.82	486.85	80.88	601.93
2006	30.33	512.58	71.70	714.94
2007	29.02	542.67	68.02	797.79
2008	27.40	591.84	72.91	811.69
2009	28.58	708.86	78.16	906.90
2010	26.35	824.82	70.61	1168.07
2011	25.93	1037.00	70.45	1472.07
2012	25.50	1427.83	74.37	1920.00
2013	25.06	1703.81	75.54	2255.38
2014	26.58	1977.55	80.10	2468.85
2015	26.31	2052.49	78.99	2598.41
2016	26.90	2189.82	79.44	2756.49

（2）化肥费在三产区的生产成本中占比较高，投入成本差异主要是由化肥使用量和价格变化引起的（见图4-8）。

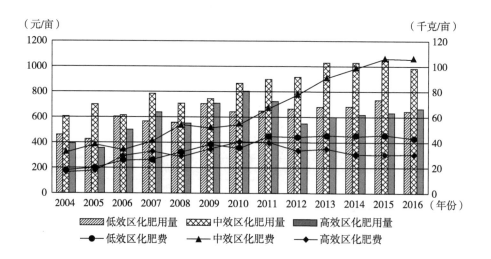

图4-8　2004~2016年三产区单位面积苹果化肥费、化肥用量变化情况

从地区来看，中效区的化肥费最高，使用量也最大，且化肥费的变化幅度大于化肥用量的变化幅度，说明中效区的化肥价格不断上涨造成化肥费投入成本较高；低效区在2011年之后，化肥费趋势线较为平稳，化肥使用量却持续增加，说明低效区化肥价格价位平稳，变化不大；高效区从2012年开始化肥使用量不断上升，但化肥费却呈下降趋势，说明高效区的化肥价格下降，使得高效区化肥费较低。另外，我国大力推广实施有机肥替代化肥技术方案，减少化肥使用量，有助于缓解土壤环境恶化。

（3）农药费在三产区的生产成本中所占比重基本持平，且相比其他成本而言，变化趋势不大。其中，中效区农药费由211.64元上涨到336.47元，增长了58.98%；低效区由107.36元上涨到

243.01 元，增长了 126.35%，涨幅最大，说明低效区仍在通过加大农药投入提高果树抗病虫害能力，保证果品质量；高效区农药费最低，变化趋势也最小，由 132.94 元上涨到 166.63 元，增长了 25.34%（见图 4-9）。

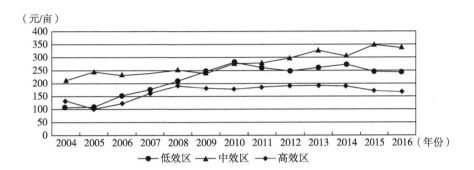

图 4-9 2004~2016 年三产区单位面积苹果农药费变化情况

（4）在苹果种植成本中，高效区除人工成本外，工具材料费是生产成本中占比最高的（见图 4-10）。

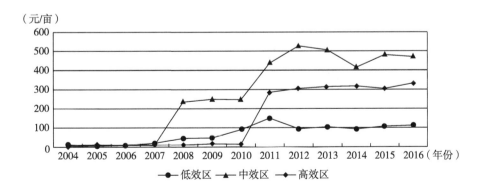

图 4-10 2004~2016 年三产区单位面积苹果工具材料费变化情况

2004~2007 年，各个地区工具材料费都较为平稳，平均保持在 9.79 元，低效区从 2007 年开始持续上涨，2011 年上涨到 149.55 元，是 2007 年的 7.55 倍，2012 年开始下降且变化不大，平均工具材料费为 101.95 元；中效区从 2008 年开始大幅度上涨，在 2012 年达到最高点 526.45 元，增长 64.52 倍，2013~2016 年下降，工具材料费年平均为 479.42 元；高效区在之后的 2008~2010 年工具材料费依然变化不大，平均为 13.58 元，在 2011 年猛涨到 285.42 元，增长 19.55 倍，2012~2016 年相差不大，平均为 314.77 元。工具材料费的提高，说明由于果园精细化管理，果农放弃使用机械而更多自行购买生产工具，造成机械作业费的减少、工具材料费的上升。

4.2.3 三产区土地成本变化趋势分析

由图 4-6 可知，2004~2016 年，低效区的土地成本处于持续增长的状态，由 2004 年的 78.35 元上涨到 2014 年的 389.29 元，涨幅达 396.86%，年均增长率为 17.87%，在 2015 年和 2016 年略有回落；中效区的土地成本呈现缓慢增长的状态，由 74.77 元上升到 213.01 元，增长了 1.85 倍；而高效区的土地成本波动不大，最高值为 93.56 元，最低值为 77.41 元，平均土地成本为 85.34 元。

4.3 三产区苹果种植收益的地区差异分析

4.3.1 净利润变化趋势分析

从图4-11来看，三产区的净利润增减变动在2004～2010年基本保持一致，2011～2012年差别较大，2013～2016年净利润变化也较为同步。由图4-11和图4-12可知，2004～2008年，低效区与高效区的产值合计、总成本差别不大，两地区的净利润也差别不大，高效区虽然种植总成本较高，但产值增加快，在这个时期高效区的净利润较高；2008～2010年，三产区的净利润增长幅度较大，其中低效区涨幅133.54%、中效区涨幅246.52%、高效区涨幅212.88%，原因在于产值增幅大于总成本增幅，而低效区产值低于高效区，总成本却比高效区高，造成两地区净利润出现差异；到2012年，低效区、中效区净利润都呈下降趋势，只有高效区净利润仍在上升，低效区产值变化不大，但总成本的上升使净利润由2010年的3315.42元下降到2012年的2418.65元，减少27.05%，中效区不仅产值下降，总成本也大幅上升，2012年净利润比2010年减少45.86%；2012～2016年，三产区的净利润变化趋势一致，其中只有2014年苹果产值合计上升使三产区的净利润增长，其余年份受到总成本上升、产值下降的双重影响，净利润呈现下降趋势。

（元/亩）

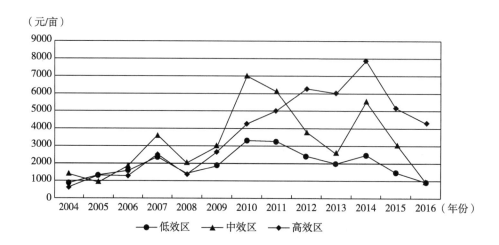

图 4-11　2004~2016 年三产区单位面积苹果净利润变化情况

（元/亩）

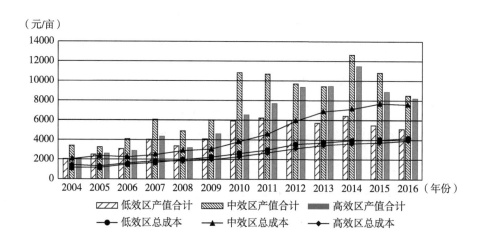

图 4-12　2004~2016 年三产区单位面积苹果总成本、产值合计变化情况

4.3.2　成本利润率变化趋势分析

成本利润率是指净利润与生产总成本之比，大小主要取决于净利润、生产总成本的变动以及相对变动幅度（见图 4-13

和图 4-14）。

（元/亩）

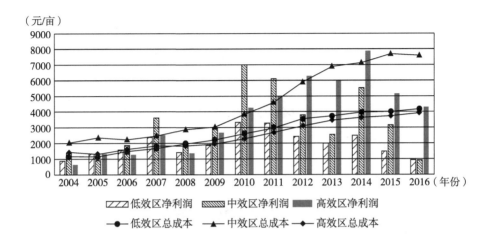

图 4-13 2004~2016 年三产区单位面积苹果净利润、总成本变化情况

（%）

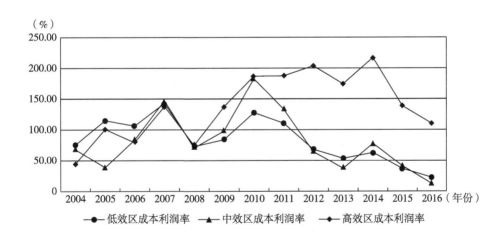

图 4-14 2004~2016 年三产区单位面积苹果成本利润率变化情况

2004~2007 年，与总成本相近的高效区相比，低效区的净利润较高，与产值合计最大的中效区相比，低效区的生产总成本较

低，因此低效区的成本利润率最高；2008~2016 年，高效区净利润不断增加，且在 2012 年后远远高于其他两个地区，总成本却变化不大，而中效区净利润也较高但总成本不断增加，高于其他地区，在此期间高效区成本利润率最高。整体来看，高效区的产值较高、生产总成本低是成本利润率高于其他两个地区的主要因素，低效区的产值较低，中效区的总成本较高，是这两个地区成本利润率不高的原因所在。

4.4　本章小结

本章首先采用成本收益指标对 7 个苹果主产省份进行聚类分析，将河北、山西、辽宁、河南划分为低效区，山东、甘肃划分为中效区，陕西归为高效区，进而对 2004~2016 年三产区苹果生产总成本构成项目与收益指标两方面变化情况进行分析，得出以下结论：

（1）三产区中中效区的总成本最高，主要是由于生产成本较高造成的，低效区和高效区的总成本差距不大，由于低效区的土地成本最高且不断增加，两者之间的差异主要是由土地成本引起的。

（2）在对 2016 年三产区的总成本构成分析后发现，人工成本、化肥费、农药费、土地成本均在各个产区总成本占比的前 5 项中，区别在于低效区土地成本占比较高，且占比靠后的农家肥费、工具材料费、排灌费、其他费用差别不大，中效区化肥费占比较高，高效区工具材料费占比较高。

（3）分析三产区生产成本差异发现，人工成本在三产区中所占比重不断提高的原因在于家庭用工折价的增长，而中效区人工成本最高，主要是家庭用工天数较多；化肥投入成本差异主要是由化肥使用量和价格变化引起的，中效区化肥价格高、使用量大，化肥投入最大，高效区化肥使用量不断增加但价格下降使化肥费较低；三产区农药费投入变化波动不大，中效区投入最高；各地区工具材料费在2007年发生较大变化，高效区工具材料费最高，低效区呈现先增长后下降的趋势，高效区在2012年后大幅增长，超过低效区投入成本。

（4）从三产区苹果生产收益指标来看，收益差距主要是苹果产值合计、总成本产生的。高效区产值高、总成本低，收益最好；中效区产值高、总成本高、收益处于中间位置；低效区产值低、总成本低，收益也最低。

5 苹果生产收益的影响因素分析

前文将 7 个苹果主产省份通过聚类分析分成低效区、中效区、高效区三个区域，进而对三个区域的成本收益变化及差异进行描述性统计分析，发现不同产区投入生产要素的量和结构不同，苹果生产收益也不同。为了进一步分析苹果产量增长的主导因素，运用灰色关联分析法对三产区影响产量的主导因素进行分析，并确定这些因素的影响程度的大小。本章选取数据均来自《全国农产品成本收益资料汇编》，其数据主要集中于生产领域，为了统一数据的统计口径，研究影响苹果生产收益时，使用的指标主要与生产领域相关。

5.1　灰色关联分析法概述

研究多因素统计分析的方法有很多，其中最常用的是相关与回归的方式，但采用多元线性回归进行多因素分析时，对数据的样本量、典型分布规律、相关性要求较高，可能出现与实际不符的情况，为了克服上述缺点，本章采用灰色关联分析法进行因素分析。灰色关联分析法从因素发展的相似性变化性出发，不需要数据的大样本量与典型分布，采用几何差进行量化分析，弥补了采用多元回归的局限性。

灰色关联分析法是由邓聚龙教授提出的灰色系统理论中的内容，采用灰色关联分析法计算出来的关联度可以描述因素间的相关关系，关联度越大，表明因素间的相关性越高。灰色系统理论认为，数据量的多少、是否存在统计规律并不影响数据间的规律性，作为系统必然存在特定的规律性。灰色关联分析法的原理是依据因素的数据列，通过数学方法对数据进行处理，做出各个数据列的几何图形，按时间序列几何图形的相似程度来判断因素间的相关性。

灰色关联分析的基本步骤：

第一，数据列分类。将所要研究的因变量 $Y^{(0)}$ 作为参考序列，其余自变量 $X_i^{(0)}$（$i=1$，2，3，$\cdots$，n）作为比较序列，$Y^{(0)}$ 数据序列和 $X_i^{(0)}$ 数据序列统称为变量序列，是灰色关联分析的基础。

第二，数据序列的无量纲化处理。为使数据更具可比性，可通过均值化、初值化、区间化等方法去掉数据的量纲，得到纯数字序列 Y、X_i，再进行数据分析与计算。

第三，灰色关联系数的计算。

$$\xi_i(k) = \frac{\min_i \min_k \Delta_i(k) + \rho \max_i \max_k \Delta_i(k)}{\Delta_i(k) + \rho \max_i \max_k \Delta_i(k)} \tag{5-1}$$

其中，$\Delta_i(k) = |Y(k) - X_i(k)|$ 表示差序列，$\min_i \min_k \Delta_i(k)$ 表示两级最小差，$\max_i \max_k \Delta_i(k)$ 表示两级最大差，ρ 为分辨系数，$0<\rho<1$，一般情况下 ρ 取值 0.5。

第四，灰色关联度的计算。

$$\gamma_i = \frac{1}{N} \sum_{k=1}^{N} \xi_i(k) \tag{5-2}$$

第五，依据关联度对各因素进行排序。

5.2 影响苹果生产收益因素的理论分析及变量选取

依据前文分析，不同地区生产收益存在较大差异，本章研究影响苹果生产收益的因素，选取苹果生产总产值作为收益指标，产值主要由价格和产量组成。从生产函数入手研究产量变动，生产函数用来描述生产一种物品的投入量和产出量之间的函数关系，通用表示形式为 $Q = f(K, L)$，其中 Q 表示产出量，K 表示资本投入量，L 表示劳动投入量。在农业生产过程中生产条件不变时，农产品的产量取决于生产要素投入量，投入量与产出量之间存在因果关系，这种因果关系实质是生产技术发展、经营管理水平不断提高的体现，因此可选用生产函数来研究苹果生产影响因素的主要因素。结合农业生产的实际情况，苹果生产过程中投入生产要素主要集中在土地、劳动力、资本三方面。具体来说，包括以下影响因素：

（1）土地。土地是一切农业生产最基本的生产要素，在土地成本的核算口径中，土地成本包括自营地折租和流转地租金，在不同地区土地成本在苹果生产总成本中的占比存在差异，随着城镇化的不断推进，土地投入要素对苹果生产收益的影响也会发生变化。

（2）劳动力。苹果生产属于劳动密集型产业，就目前我国苹果种植生产而言，很难实现完全机械化操作，根据前文的分析，人工成本不仅在绝对量上不断增加，而且在苹果生产总成本中所占比例不断上升。

（3）资本。在本章分析中，资本主要是物质资料投入、服务费用投入，在苹果生产总成本中占比较高的主要是肥料费（包括化肥和农家肥）、农药费、工具材料费、租赁作业费（包括机械作业费、排灌费等）。

综上所述，本章选取苹果单位面积生产投入量土地成本 X_1、人工成本 X_2、肥料费 X_3、农药费 X_4、工具材料费 X_5、租赁作业费 X_6 和单位主产品平均出售价格 X_7 来研究对苹果总产值 Y 的影响程度。需要说明的是，本章选取数值均为单位面积投入量、产出量，单位面积指每 667 平方米，单位产品指每 50 千克。

5.3　影响苹果生产收益因素的 灰色关联度分析

5.3.1　数据来源

根据前文分析结果，本章选取苹果单位面积生产投入量土地成本 X_1（元/亩）、人工成本 X_2（元/亩）、肥料费 X_3（元/亩）、农药费 X_4（元/亩）、工具材料费 X_5（元/亩）、租赁作业费 X_6（元/亩）和单位主产品平均出售价格 X_7（元/50 千克）作为比较数列对参考数列苹果总产值 Y 的影响因素分析。以上数据均来自 2005~2017 年的《全国农产品成本收益资料汇编》。

5.3.2 灰色关联度测算

5.3.2.1 原始数据

低效区、中效区、高效区苹果生产收益影响因素分析原始数据如表5-1至表5-3所示。

表5-1 低效区苹果生产收益影响因素分析原始数据

年份	$Y^{(0)}$	$X_1^{(0)}$	$X_2^{(0)}$	$X_3^{(0)}$	$X_4^{(0)}$	$X_5^{(0)}$	$X_6^{(0)}$	$X_7^{(0)}$
2004	2029.58	78.35	559.52	243.69	107.36	12.10	62.94	48.20
2005	2475.46	110.75	560.21	253.67	109.00	5.17	55.47	77.61
2006	3057.72	127.11	685.23	330.95	152.63	9.18	73.06	78.98
2007	4036.25	170.33	766.39	346.18	175.71	19.82	88.53	103.23
2008	3369.52	182.66	919.68	423.93	209.27	45.29	97.77	79.47
2009	4075.41	227.92	1028.78	489.14	246.26	46.91	104.09	99.05
2010	5910.75	259.62	1318.74	478.90	281.05	90.06	103.10	177.65
2011	6214.64	288.35	1500.30	570.35	260.66	149.55	103.85	151.06
2012	5965.94	314.04	2110.30	577.76	247.63	93.94	113.87	144.95
2013	5719.08	351.89	2279.47	568.29	261.07	104.26	104.36	142.70
2014	6439.64	389.29	2455.06	574.01	272.94	92.69	124.23	169.83
2015	5479.27	336.94	2549.36	580.42	245.58	107.09	105.54	129.29
2016	5112.48	338.51	2720.69	559.38	243.01	111.77	117.81	121.45

表5-2 中效区苹果生产收益影响因素分析原始数据

年份	$Y^{(0)}$	$X_1^{(0)}$	$X_2^{(0)}$	$X_3^{(0)}$	$X_4^{(0)}$	$X_5^{(0)}$	$X_6^{(0)}$	$X_7^{(0)}$
2004	3399.14	74.77	937.90	381.70	211.64	9.36	61.94	75.33
2005	3255.36	130.97	1050.83	446.21	244.77	10.97	116.70	89.35
2006	4089.78	83.64	1130.56	378.79	231.19	9.36	78.51	91.86
2007	6067.97	101.68	1293.33	426.83	238.87	8.16	95.39	142.86
2008	4888.15	98.48	1499.09	545.05	251.86	235.38	105.36	106.46

续表

年份	$Y^{(0)}$	$X_1^{(0)}$	$X_2^{(0)}$	$X_3^{(0)}$	$X_4^{(0)}$	$X_5^{(0)}$	$X_6^{(0)}$	$X_7^{(0)}$
2009	5998.96	109.53	1714.71	531.97	238.07	249.28	110.76	144.28
2010	10826.52	130.46	2204.71	560.91	275.87	247.23	103.04	226.13
2011	10697.08	156.39	2822.57	656.28	278.61	436.99	119.00	235.44
2012	9690.03	164.36	3897.98	752.03	297.73	526.45	126.75	193.97
2013	9427.27	178.44	4624.31	836.33	327.25	505.77	126.18	201.80
2014	12646.38	205.10	4893.82	855.74	304.68	414.87	139.75	300.54
2015	10836.43	209.99	5218.73	940.63	348.27	480.10	154.60	197.20
2016	8495.79	213.01	5166.28	906.44	336.47	469.90	148.85	174.51

表5-3　高效区苹果生产收益影响因素分析原始数据

年份	$Y^{(0)}$	$X_1^{(0)}$	$X_2^{(0)}$	$X_3^{(0)}$	$X_4^{(0)}$	$X_5^{(0)}$	$X_6^{(0)}$	$X_7^{(0)}$
2004	2067.35	82.43	616.70	241.50	132.94	4.40	17.37	59.25
2005	2612.47	77.41	601.93	243.96	101.44	5.44	33.42	94.41
2006	2885.29	79.32	714.94	332.45	121.64	8.67	43.69	80.14
2007	4348.80	82.82	797.79	392.57	161.22	10.44	45.24	116.39
2008	3189.46	82.65	811.69	334.72	190.52	10.54	70.51	95.24
2009	4612.46	89.94	906.90	421.72	181.31	16.30	93.24	117.36
2010	6544.88	91.81	1168.07	491.73	177.16	13.89	98.86	194.38
2011	7693.09	81.49	1472.07	489.57	186.24	285.42	112.87	204.25
2012	9365.06	83.37	1920.00	420.08	190.97	305.11	116.55	227.38
2013	9471.29	82.93	2255.38	435.79	192.12	314.96	122.77	247.41
2014	11500.82	90.86	2468.85	391.77	189.16	317.32	122.13	309.54
2015	8886.40	90.86	2598.41	388.32	171.07	304.02	124.59	249.68
2016	8215.01	93.56	2756.49	390.55	166.63	332.43	127.20	218.32

5.3.2.2　以低效区为例计算灰色关联度。

第一步，采用初值化方法对原始数据去除量纲，得到低效区初值化矩阵，如表5-4所示。

表5-4 低效区苹果生产收益影响因素初值化矩阵

Y	X_1	X_2	X_3	X_4	X_5	X_6	X_7
1.0000	1.0000	1.0000	1.0000	1.0000	1.0000	1.0000	1.0000
1.2197	1.4136	1.0012	1.0409	1.0152	0.4277	0.8812	1.6104
1.5066	1.6223	1.2247	1.3581	1.4216	0.7590	1.1607	1.6388
1.9887	2.1740	1.3697	1.4205	1.6366	1.6385	1.4066	2.1419
1.6602	2.3313	1.6437	1.7396	1.9492	3.7440	1.5533	1.6489
2.0080	2.9091	1.8387	2.0072	2.2937	3.8776	1.6538	2.0551
2.9123	3.3136	2.3569	1.9652	2.6177	7.4445	1.6381	3.6859
3.0620	3.6804	2.6814	2.3404	2.4278	12.3617	1.6499	3.1342
2.9395	4.0082	3.7716	2.3708	2.3065	7.7652	1.8092	3.0074
2.8179	4.4913	4.0739	2.3320	2.4316	8.6180	1.6580	2.9609
3.1729	4.9687	4.3878	2.3555	2.5422	7.6616	1.9738	3.5237
2.6997	4.3004	4.5563	2.3818	2.2873	8.8518	1.6768	2.6826
2.5190	4.3205	4.8625	2.2954	2.2634	9.2391	1.8717	2.5200

第二步，求出差序列（见表5-5），根据式（5-1）和式（5-2）计算关联度（见表5-6）。

表5-5 低效区苹果生产收益影响因素差序列

Δ_1	Δ_2	Δ_3	Δ_4	Δ_5	Δ_6	Δ_7
0.0000	0.0000	0.0000	0.0000	0.0000	0.0000	0.0000
0.1939	0.2185	0.1788	0.2044	0.7920	0.3385	0.3907
0.1158	0.2819	0.1485	0.0850	0.7476	0.3459	0.1322
0.1853	0.6190	0.5682	0.3521	0.3502	0.5822	0.1532
0.6711	0.0165	0.0794	0.2890	2.0838	0.1069	0.0113
0.9011	0.1693	0.0008	0.2857	1.8696	0.3542	0.0471
0.4013	0.5554	0.9471	0.2946	4.5322	1.2742	0.7736
0.6184	0.3806	0.7216	0.6342	9.2997	1.4122	0.0722

续表

Δ₁	Δ₂	Δ₃	Δ₄	Δ₅	Δ₆	Δ₇
1.0687	0.8321	0.5687	0.6330	4.8257	1.1303	0.0679
1.6735	1.2561	0.4859	0.3862	5.8002	1.1599	0.1430
1.7958	1.2149	0.8174	0.6307	4.4887	1.1991	0.3508
1.6007	1.8566	0.3179	0.4124	6.1521	1.0229	0.0171
1.8015	2.3435	0.2236	0.2556	6.7201	0.6473	0.0010

表 5-6　低效区苹果生产收益影响因素灰色关联度

年份	ξ_1	ξ_2	ξ_3	ξ_4	ξ_5	ξ_6	ξ_7
2004	1.0000	1.0000	1.0000	1.0000	1.0000	1.0000	1.0000
2005	0.9600	0.9551	0.9630	0.9579	0.8545	0.9322	0.9225
2006	0.9757	0.9428	0.9690	0.9821	0.8615	0.9308	0.9723
2007	0.9617	0.8825	0.8911	0.9296	0.9300	0.8887	0.9681
2008	0.8739	0.9965	0.9832	0.9415	0.6905	0.9775	0.9976
2009	0.8377	0.9649	0.9998	0.9421	0.7132	0.9292	0.9900
2010	0.9205	0.8933	0.8308	0.9404	0.5064	0.7849	0.8574
2011	0.8826	0.9243	0.8657	0.8800	0.3333	0.7670	0.9847
2012	0.8131	0.8482	0.8910	0.8802	0.4907	0.8044	0.9856
2013	0.7353	0.7873	0.9054	0.9233	0.4450	0.8004	0.9702
2014	0.7214	0.7928	0.8505	0.8806	0.5088	0.7950	0.9298
2015	0.7439	0.7147	0.9360	0.9185	0.4305	0.8197	0.9963
2016	0.7208	0.6649	0.9541	0.9479	0.4090	0.8778	0.9998
灰色关联度	0.8574	0.8744	0.9261	0.9326	0.6287	0.8698	0.9673
关联序	6	4	3	2	7	5	1

5.3.3　结果分析

对原始数据首先采用初值化处理方法进行数据去量纲化，再通过求差序列、两级最大、最小差以及式（5-1）求出各个影响因素的灰色关联系数，最终根据式（5-2）求出影响苹果生产收益因素的灰色关联度。对三产区的数据进行以上处理后，可得出以下结果：

由表5-7可知，低效区影响苹果生产收益因素的关联度排序为：平均出售价格（X_7）＞农药费（X_4）＞肥料费（X_3）＞人工成本（X_2）＞租赁作业费（X_6）＞土地成本（X_1）＞工具材料费（X_5）。中效区影响苹果成本收益因素的关联度排序为：平均出售价格（X_7）＞土地成本（X_1）＞租赁作业费（X_6）＞肥料费（X_3）＞人工成本（X_2）＞农药费（X_4）＞工具材料费（X_5）。高效区影响苹果成本收益因素的关联度排序为：平均出售价格（X_7）＞人工成本（X_2）＞肥料费（X_3）＞农药费（X_4）＞租赁作业费（X_6）＞土地成本（X_1）＞工具材料费（X_5）。

表5-7　三产区影响苹果生产收益因素的灰色关联度

	低效区		中效区		高效区	
	关联度	关联序	关联度	关联序	关联度	关联序
土地成本（X_1）	0.8574	6	0.9805	2	0.9486	6
人工成本（X_2）	0.8744	4	0.9675	5	0.9804	2
肥料费（X_3）	0.9261	3	0.9768	4	0.9623	3
农药费（X_4）	0.9326	2	0.9646	6	0.9539	4
工具材料费（X_5）	0.6287	7	0.5924	7	0.6942	7
租赁作业费（X_6）	0.8698	5	0.9777	3	0.9486	5
平均出售价格（X_7）	0.9673	1	0.9939	1	0.9936	1

根据以上分析结果，分别分析影响三产区苹果生产收益的因素：

（1）从影响低效区苹果生产收益因素的关联度大小来看，只有工具材料费的灰色关联度是 0.6287，其他因素的灰色关联度都在 0.85 以上，说明平均出售价格、农药费、肥料费、人工成本、租赁作业费、土地成本对低效区苹果生产收益影响较大。其中排在前三位的平均出售价格、农药费、肥料费关联度均在 0.92 以上，可以说苹果生产收益对这三个因素的变化非常敏感，而人工成本，包括灌溉费、机械作业费等的租赁作业费、土地成本对苹果生产收益的影响没有农药、肥料投入那么明显，说明低效区的苹果生产收益的提高除了依赖价格的提升以外，主要取决于农药、肥料生产要素投入的增加。

（2）对影响中效区苹果生产收益因素的关联度进行排序，平均出售价格依旧是对苹果生产收益影响最大的因素，工具材料费的影响最小。不同于低效区，其他影响因素土地成本、租赁作业费、肥料费、人工成本、农药费的关联度均在 0.95 以上，说明除工具材料费以外的所选指标都对中效区苹果生产收益的影响较大。其中土地成本、租赁作业费、肥料费的关联度大于人工成本、农药费的关联度，说明处于中效区的果农苹果生产收益的增长受土地要素、机械灌溉等租赁投入、肥料投入的影响较大。

（3）分析高效区灰色关联度，同中效区、低效区相同的地方在于影响苹果生产收益的因素中平均出售价格影响最大，工具材料费影响最小。其他影响因素的关联度均在 0.94 以上，关联序为人工成本、肥料费、农药费、租赁作业费、土地成本，说明高效区苹果生产收益增长主要源于劳动力、肥料、农药的投入。

（4）由表 5-8 可知，对比分析影响不同地区苹果生产收益因素的排列顺序可以看出：平均出售价格对每一个地区来说都是影响苹果生产收益最重要的因素，价格因素对果农生产行为的引力较强，收益的增长主要取决于价格的增长；工具材料费的影响最小，结合前文分析可知，虽然三个地区在 2008 年、2011 年工具材料费都有大幅度增长，但就灰色关联度而言并不高，说明其绝对量的增长并没有对苹果生产收益产生多大影响；其余各个因素对苹果生产收益影响能力各有不同，对于低效区、高效区而言比较靠前的是生产成本因素，中效区比较靠前的是土地投入要素，说明对于低效区、高效区如果能增加生产成本要素的投入，就会增加苹果生产收益，而中效区可能由于经济发展较为发达，果农愿意以较低的价格进行土地流转，去从事其他产业的经济活动，中效区加大土地要素成本投入就有可能提高苹果生产收益；在生产成本要素中，苹果生产作为劳动密集型产业，加大劳动力投入必然提高生产收益，除此之外，对于低效区较为重要的是农药、肥料的投入，说明低效区仍处于前期生产投入较大阶段，中效区应加大机械灌溉等租赁作业费、肥料的投入，高效区肥料农药等投入的加大可以增加苹果生产收益。

表 5-8　三产区影响因素排序对比

排序	低效区	中效区	高效区
1	平均出售价格	平均出售价格	平均出售价格
2	农药费	土地成本	人工成本
3	肥料费	租赁作业费	肥料费
4	人工成本	肥料费	农药费
5	租赁作业费	人工成本	租赁作业费

排序	低效区	中效区	高效区
6	土地成本	农药费	土地成本
7	工具材料费	工具材料费	工具材料费

5.4 影响苹果生产收益因素的影响度分析

前文采用灰色关联分析法计算出各个影响苹果生产收益因素的关联度，并通过比较关联度大小对影响因素的先后顺序进行排序，各因素对苹果生产收益的影响度到底有多大，我们通过灰色关联分析法无法获知。本节采用王树涛在其博士论文中利用灰色关联度大小结合层次分析法使用两两比较判断矩阵对耕地生产力各影响因素的影响度计算的方法[61]，对影响苹果生产收益的影响度进行定量化计算，弥补灰色关联法在分析结果时的不足。

5.4.1 影响度计算步骤

5.4.1.1 构造两两比较判断矩阵

根据灰色关联度大小将各因素依据"1-9"比例标度法进行两两比较，构造判断矩阵：

$$A = \begin{bmatrix} 1 & a_{12} & a_{13} & \cdots & a_{1m} \\ a_{21} & 1 & a_{23} & \cdots & a_{2m} \\ a_{31} & a_{32} & 1 & \cdots & a_{3m} \\ \vdots & \vdots & \vdots & \ddots & \vdots \\ a_{m1} & a_{m2} & a_{m3} & \cdots & 1 \end{bmatrix} \qquad (5-3)$$

矩阵 A 中，a_{ij} 表示 i 因素与 j 因素对目标层 C 的重要性之比，在本节表示影响苹果生产收益的两个因素对苹果生产收益的重要性之比，这里的重要性标度采用"1-9"比例标度法（见表 5-9）。

表 5-9　"1-9"标度的含义

标度值	含义
1	表示两个元素相比，具有同样重要性
3	表示两个元素相比，一个元素比另一个元素稍微重要
5	表示两个元素相比，一个元素比另一个元素明显重要
7	表示两个元素相比，一个元素比另一个元素强烈重要
9	表示两个元素相比，一个元素比另一个元素极端重要
2、4、6、8	为上述相邻判断的中值

5.4.1.2　计算元素权重

本节采用特征根法计算判断矩阵权重。第一步，将 A 矩阵中各行元素相乘。第二步，将各行元素乘积分别开 n 次方。第三步，归一化处理方根向量即得权重向量 W_i。第四步，依据公式 $\lambda_{max} = \frac{1}{n} \sum_{i=1}^{n} \frac{AW_i}{W_i}$ 求出最大特征根。

5.4.1.3　对最大特征根进行一致性检验

为防止 a 因素比 b 因素明显重要，b 因素比 c 因素明显重要，而 c 因素却比 a 因素明显重要的错误的发生，需要对最大特征根 λ_{max} 进行一致性检验。

第一步，计算一致性指标。

$$CI = \frac{\lambda_{max} - n}{n - 1} \tag{5-4}$$

第二步，平均随机一致性指标 RI。

平均随机一致性指标是通过多次重复进行随机判断矩阵特征值的计算之后取算术平均值得到的。Saaty 对应 n = 1，…，9 给出了 RI 值（见表 5-10）。

表 5-10　1-9 阶判断矩阵 RI 值

阶数	1	2	3	4	5	6	7	8	9
RI	0	0	0.58	0.90	1.12	1.24	1.32	1.41	1.45

第三步，计算一致性比例。

$$CR = \frac{CI}{RI} \qquad\qquad (5-5)$$

当 CR<0.1 时，一般认为判断矩阵的一致性是可以接受的。

5.4.2　计算影响苹果生产收益因素的影响度大小

根据前文计算出的不同地区各个因素的灰色关联度，分别建立低效区、中效区、高效区的两两比较判断矩阵（见表 5-11 至表 5-13），计算出影响度大小（见表 5-14）。三产区的两两比较判断矩阵最大特征根均通过一致性检验，说明数据没有违反事实的情况发生。

表 5-11　低效区两两比较判断矩阵

产量	X_1	X_2	X_3	X_4	X_5	X_6	X_7
X_1	1	1/3	1/5	1/5	5	1/2	1/7
X_2	3	1	1/3	1/3	5	2	1/5
X_3	5	3	1	1/3	7	3	1/5

续表

产量	X₁	X₂	X₃	X₄	X₅	X₆	X₇
X₄	5	3	3	1	7	3	1/5
X₅	1/5	1/5	1/7	1/7	1	1/5	1/9
X₆	2	1/2	1/3	1/3	5	1	1/5
X₇	7	5	5	5	9	5	1

表 5-12　中效区两两比较判断矩阵

产量	X₁	X₂	X₃	X₄	X₅	X₆	X₇
X₁	1	5	3	5	8	3	1/3
X₂	1/5	1	1/3	2	5	1/3	1/7
X₃	1/3	3	1	3	7	1/2	1/5
X₄	1/5	1/2	1/3	1	5	1/3	1/7
X₅	1/8	1/5	1/7	1/5	1	1/7	1/9
X₆	1/3	3	2	3	7	1	1/5
X₇	3	7	5	7	9	5	1

表 5-13　高效区两两比较判断矩阵

产量	X₁	X₂	X₃	X₄	X₅	X₆	X₇
X₁	1	1/5	1/4	1/3	5	1/2	1/6
X₂	5	1	2	3	8	4	1/2
X₃	4	1/2	1	2	7	3	1/3
X₄	3	1/3	1/2	1	6	2	1/4
X₅	1/5	1/8	1/7	1/6	1	1/5	1/9
X₆	2	1/4	1/3	1/2	5	1	1/5
X₇	6	2	3	4	9	5	1

表 5-14　不同地区各影响因素的影响度

	低效区	中效区	高效区
土地成本（X₁）	0.044	0.233	0.049
人工成本（X₂）	0.090	0.057	0.242

	低效区	中效区	高效区
肥料费（X₃）	0.147	0.104	0.161
农药费（X₄）	0.201	0.047	0.106
工具材料费（X₅）	0.020	0.018	0.020
租赁作业费（X₆）	0.069	0.127	0.070
平均出售价格（X₇）	0.430	0.414	0.351

5.4.3 结果分析

根据表 5-14 中对各个影响因素的影响度计算结果分析发现：

（1）平均出售价格作为影响苹果生产收益最重要的因素，在不同地区影响度不同，对低效区的影响度最大为 43.00%，说明低效区的苹果生产收益对价格变化的敏感度要比中效区、高效区高。

（2）对于土地生产要素的投入，中效区的影响度达 23.30%，其他两个地区只有 4% 左右，说明在中效区苹果生产收益受土地要素投入量比其他两个地区明显，生产要素投入影响度相对较弱。

（3）比较三产区生产成本要素投入影响度，低效区、中效区、高效区分别为 52.60%、35.30%、60.00%。其中高效区生产要素投入的影响对苹果生产收益最大，比较重要的是劳动力、肥料、农药的投入，对低效区的影响度也较强，但不同于高效区，低效区在生产成本要素中影响度较高的是农药、肥料的投入，生产要素投入对中效区的影响度最小，但租赁作业费、肥料费的影响度也达到了 10% 以上。

基于以上灰色关联排序分析以及层次分析法中两两判断矩阵

计算影响度大小的分析结果，不同地区影响苹果生产收益因素的关联度及影响度大小存在差异，即使是关联度高的影响因素影响程度也不同。毋庸置疑，平均出售价格对每个地区的苹果生产收益都是关联度最高且影响度最大的因素。结合关联度排序及影响度大小分析结果，对各个地区苹果的生产收益产生较大影响的因素，除平均出售价格外，低效区为农药费、肥料费，中效区为土地成本、租赁作业费、肥料费，高效区为人工成本、肥料费、农药费。

6 研究结论及建议

6.1 研究结论

本书使用历年《全国农产品成本收益资料汇编》中有关苹果种植的成本收益数据对 1991～2016 年我国苹果种植成本收益数据进行分析，研究其发展规律；并依据成本收益数据的内在异同性将 7 个苹果主产省份分为低效区、中效区、高效区，对三个地区 2004～2016 年的成本收益数据进行对比分析，研究影响不同地区苹果生产收益的因素及影响度大小。得出以下主要结论：

（1）从全国的成本收益数据分析来看：①26 年间我国苹果种植面积发生较大变化，产量持续增长。1991～1996 年是我国苹果产业发展的一个高峰期，由于 20 世纪 90 年代我国各地农村在商品经济推动下，发挥自然资源优势，调整种植结构，因此苹果产业迅速发展，种植面积和产量大幅提高。在苹果种植效益明显优于种粮的情况下，果农生产具有盲目性，导致多次在非适宜区种植果树。1997 年我国进行苹果产业种植结构调整，大量减少不适宜种植、品种效益差、管理技术落后地区的苹果种植面积，但并没有对产量造成过大影响。②种植总成本主要由生产成本构成，生产要素投入增加、价格的不断上升以及人工成本的不断提升，使总成本大幅增加。尤其是人工成本不断攀升，成为构成苹果种植成本中的主要成本项目。在物质资料与服务费用中，化肥费依旧是占比最大的项目。③我国苹果种植净利润在 2010 年之前整体呈现上升趋势，2010 年之后，仅在 2014 年苹果价格上涨时净利润上升，其他几年在苹果种植总成本持续上升而产值不高的情况下，苹果生产净利润持续下降。

（2）在对 7 个苹果主产省份采用成本收益指标进行聚类分析后，将河北、山西、辽宁、河南划分为低效区，山东、甘肃划分为中效区，陕西划分为高效区，进而对 2004～2016 年三产区苹果生产总成本构成项目与收益指标两方面变化情况进行分析，得到以下结论：①三产区中中效区的总成本最高，主要是由生产成本较高造成的，低效区和高效区的总成本差距不大，两者之间的差异主要是由土地成本引起的。②在对 2016 年三产区的总成本构成分析后发现，人工成本、化肥费、农药费、土地成本均在各个产区总成本占比的前 5 项中，区别在于低效区土地成本占比较高，中效区化肥费占比较高，高效区工具材料费占比较高。③分析三产区生产成本差异发现，中效区人工成本最高的主要原因在于家庭用工天数较多；化肥投入成本差异主要是由化肥使用量和价格变化引起的，中效区化肥价格高、使用量大，化肥投入最大；各地区工具材料费在 2007 年发生较大变化，高效区工具材料费最高。

（3）结合关联度排序及影响度大小分析结果，对各个地区苹果生产收益产生较大影响的因素，除平均出售价格外，低效区为农药费、肥料费，中效区为土地成本、租赁作业费、肥料费，高效区为人工成本、肥料费、农药费。因此，针对不同地区影响生产收益因素的不同，在加大要素投入的同时应该注意提高要素使用效率。

6.2　对策建议

（1）推进苹果生产由数量增长型向质量效益型转变。近年来，我国苹果种植面积依旧处于增长阶段，仅在 2016 年略有下降，种植面积不断扩张，产量不断增长，各地区苹果生产依旧具有盲目性，一方面不能合理使用资源，另一方面收益的减少降低了果农的生产积极性。应以苹果消费市场需求来确定合理的苹果发展战略，从宏观上对产业布局、品种结构进行调整。

控制苹果种植面积，提高苹果单产水平，扩大优势区优质苹果种植面积。苹果种植区域向优势产区集中，有利于实现生产条件"同一性"、社会服务"统一性"的有机结合，发挥成本优势，能够有效利用社会资源、服务体系，政府也就能够更好地发挥政策调控作用，集中针对优势区运用产业政策，合理配置资源，增强社会服务功能，推进苹果产业化发展。

调整苹果种植结构，依据市场需求确定苹果种植结构。一方面，调整苹果种植早熟、中熟、晚熟品种比例，目前我国苹果优势产区主要种植晚熟品种，导致集中采摘后市场销售压力大，苹果市场供应时间不能突破季节限制，缩短苹果产品创利时间。另一方面，增加加工用苹果品种的种植面积，与鲜食苹果相比，加工产品不受季节限制，且具有更高的附加价值。

（2）多角度降低苹果种植成本，推广实施节本、提质、增效技术。近年来，我国苹果生产过于依赖化肥、农药等物质资本的投入，同时在农村劳动力向非农生产领域、城镇地区不断转移的大背景下[58]，劳动力区域、季节性短缺，果农呈现老龄化、妇女化趋势，导致劳动密集型技术难以推广[59]，使人工成本不断攀升，成为果农收益下降的重要因素。提高果农种植积极性，首先要保证果农收益，降低苹果种植成本，实行节本技术、提质技术、增效技术。

目前来看，增加物质资本的投入可以明显提高苹果单产水平[47]，但不能过于依赖化肥、农药等物质资料的投入。通过苹果种植模式的优化提升，提高果园综合管理水平，降低苹果种植物质资料成本。一方面要改良施肥方案，推广有机肥替代化肥技术方案，遵循以有机肥、生物菌肥为主，化肥为辅的原则，既降低化肥投入成本，又能改善土壤环境，均衡营养。另一方面要加强果树病虫害防治措施，可以通过苹果套袋技术，培肥地力、合理负载等增强树势，提高树体抗病力，减少病害用药，降低农药物质资料投入，保证苹果安全生产、果品优质。

人工成本在生产成本中占比的不断提升已成为苹果种植成本不断增长的主要原因。我国苹果生产依旧属于劳动密集型产业，果农仅在苹果除草、施肥、喷药、装运过程中使用机械，而在用工数量较多的套摘袋、疏花果、采收苹果阶段无机械可以使用，在劳动节约型技术发展相对较慢的情况下，应该推广提高果品质量的劳动密集型技术，增强果农素质，加快研发适应果园精细化管理的机械技术[62]。

物质资料与劳动力投入的不断增加使生产成本提高，但由于果园管理水平低下、生产方式落后，生产要素的投入都有一定的损失，因此推进苹果集约化、标准化生产。在选用良种、规范生产、限制农药残留、设置苹果等级等标准化苹果生产和管理的要求下，不仅可以提高生产要素投入使用效率，而且可以提升果品质量，进而增加果农收益。

（3）调整生产要素投入比例，提高资源利用效率。苹果种植成本的不断上升直接影响果农的收益水平。加大生产要素投入可以提高苹果产量，但由于各地区资源禀赋不同，如果不能根据实际情况在不同地区使用不同的生产要素投入结构，不仅不能降低苹果种植成本，提高果农的种植收益，更有可能破坏生态环境，造成不可逆损失。针对过度使用化肥、农药等影响生态环境的生产要素，考虑使用"有机肥+配方肥""果沼畜""有机肥+生草+配方肥+水肥一体化"等有机肥替代化肥技术方案，改善土壤质量，提高生产力；着重通过培肥地力、合理负载来提高果树抵抗病虫害的能力，减少病害用药，采用物理、生物等防治措施替代化学用药。对于不断上升的人工成本，作为劳动密集型生产的苹果产业，短期内劳动节约型技术进步较慢，因而提高果农素质，进而提高劳动生产率，使用高效、低投入的机械技术对于降低人工成本有一定的意义。

（4）延长苹果产业链条，建立能够实现产前、产中、产后一体化的产业组织，实现苹果的产业化发展。苹果产业要形成良性发展，一方面要有生产成本上的优势，另一方面有效的产业组织体系的发育也是其在交易成本方面取得优势的表现。

我国苹果生产以家庭承包栽培为主，果农既是生产者又是销售者，一家一户的分散式经营使果农既无法抵御市场风险、自然灾害造成的损失，也无法保证果品的安全优质性。建立起产前能够供应农资，产中可以统一生产管理、提供技术服务，产后完成苹果采摘后的贮藏、包装、销售的产业组织，同时提高深加工能力，真正建成集生产、加工、销售为一体的产业经营体系，降低交易成本，增加果农收益。

（5）采用非价格策略提高苹果附加值。在提高果品质量的基础上，实施差异化经营策略。由于苹果种植成本不断上升造成我国苹果产业逐渐丧失成本优势，所以需要依据市场需求生产有机、无公害果品，以提高我国苹果市场竞争力以及经济效益。实施品牌战略，品牌效应可以吸引消费者，引导消费者购买有品牌的产品，品牌的创立是果品质量的保证，提高苹果附加值，使品牌苹果更有价格优势。

（6）完善灾害防治措施，提高果农抗风险能力。苹果生产受气候变化、自然灾害影响极大，因此要加强与气象部门之间的联系，及时发布影响苹果生产的气象灾害信息，帮助果农实施灾害防治措施；加大果业相关政策性保险的推广，研究适合苹果产业的保险品种，提高果农投保意识，降低果农损失。

参考文献

［1］汪景彦. 苹果发展趋势［J］. 世界农业，1992（05）：29-30.

［2］陈凯，胡国谦，周维灼，李玉泉，朱友泉，许成跃. 我国优质苹果分布区域与适宜生态指标的研究［J］. 农业现代化研究，1992（06）：343-345.

［3］A. Desmond O'Rourke. The World Apple Market［M］. New York：Academic Press，1994.

［4］高春新. 山东果树科技现状及发展重点［J］. 山东农业科学，1992（01）：48-50.

［5］包纪祥，侯军歧，杜存恭. 苹果产销形势与对策选择——渭北苹果带发展浅析［J］. 干旱地区农业研究，1993（S2）：16-23.

［6］赵贵宝. 区域比较优势与果业开发——对白水县开发苹果产业的调查与思考［J］. 理论导刊，1993（03）：25-26+24.

［7］王安平，徐芳焦. 搞市场经济要会算生产投入与产出这本帐——农民兄弟千万不要盲目自毁"摇钱树"［J］. 瞭望新闻周刊，1997（07）：40.

［8］王海山．"水果现象"成因及其对策［J］．中国林业，1998（04）：38-39.

［9］惠恩举，单凤联．卖苹果难问题浅析［J］．农业经济，1999（12）：38.

［10］孔庆信，于国合．我国北方水果产销中的几个问题及其对策［J］．中国果树，1998（01）：3-5.

［11］赵贵宝．试论我国果业走向国际市场的机遇、挑战和对策［J］．中国农村经济，1996（07）：52-58.

［12］麻茵萍．加入世界贸易组织对我国水果业的影响及对策分析［J］．中国农村经济，2000（05）：33-37.

［13］祁春节．入世与中国水果业：影响及应对措施［J］．国际贸易问题，2001（01）：6-10.

［14］刘汉成，易法海，祁春节．我国苹果的比较优势与国际竞争力分析［J］．国际经贸探索，2002（03）：45-47.

［15］刘英杰．发挥比较优势　推动产业发展——我国苹果产业发展对策研究［J］．农业经济问题，2003（10）：44-48.

［16］苹果优势区域发展规划［N］．农民日报，2003-05-30（005）.

［17］庞守林，田志宏．中国苹果国际贸易结构比较分析与优化［J］．中国农村经济，2004（02）：38-43.

［18］徐海晶，于冷．我国苹果出口贸易的实证分析［J］．农业技术经济，2006（02）：43-47.

［19］易法海，刘汉成．中国苹果成本价格变动实证分析［J］．农业技术经济，2002（05）：29-31.

［20］潘伟光．中韩两国水果业生产成本及价格竞争力的比较——基于苹果、柑橘的分析［J］．国际贸易问题，2005（10）：49-53．

［21］李桦，张会，王博文，等．陕西苹果低生产成本价格优势分析［J］．西北农林科技大学学报（自然科学版），2006（01）：137-141．

［22］慕芳，王继锋．渭北苹果生产成本的分析［J］．北方园艺，2011（12）：199-200．

［23］里程辉，刘志，王宏，等．我国苹果的产业现状分析及节本增效关键技术［J］．北方园艺，2016（03）：174-177．

［24］Bravin E，Leumann M，Dugon J. Production of Apples：The Recipe Does Not Cover the Production Costs［J］．Revue Suisse De Viticulture Arboriculture Et Horticulture，2010（02）：132-142．

［25］顾海，王艾敏．基于 Malmquist 指数的河南苹果生产效率评价［J］．农业技术经济，2007（02）：99-104．

［26］王静，毛飞，霍学喜．陕西四个苹果基地县果农生产效率调查分析［J］．北方园艺，2010（03）：230-232．

［27］申探明，姜雅莉．中国苹果主产区投入产出效率分析［J］．北方园艺，2012（13）：198-202．

［28］王丽佳，霍学喜．苹果种植户生产成本效率分析［J］．北方园艺，2015（15）：182-187．

［29］胡炜童，霍学喜．基于三阶段 DEA 模型的我国苹果生产技术效率研究［J］．兰州大学学报（社会科学版），2016，44（03）：47-52．

［30］魏娟，赵佳佳，刘天军．土地细碎化和劳动力结构对生产技术效率的影响［J］．西北农林科技大学学报（社会科学版），2017，17（05）：55-64.

［31］Mevlut Gul. Technical Efficiency of Apple Farming in Turkey：A Case Study Covering Isparta，Karaman and Nigde Provinces［J］. Pakistan Journal of Biological Science，2004（09）：1533-1540.

［32］霍学喜，毛飞，邵璨群．苹果种植户订单安排期望分析——基于陕西5个苹果主产县果农调查数据的分析［J］．西北农林科技大学学报（社会科学版），2010，10（01）：27-32.

［33］徐玲玲，山丽杰，吴林海．农产品可追溯体系的感知与参与行为的实证研究：苹果种植户的案例［J］．财贸研究，2011，22（05）：34-40.

［34］毛飞，孔祥智．农户中介组织选择行为分析［J］．经济问题，2010（02）：103-107.

［35］毛飞，孔祥智．农户销售信息获取行为分析［J］．农村经济，2011（12）：8-12.

［36］毛飞，孔祥智．农户安全农药选配行为影响因素分析——基于陕西5个苹果主产县的调查［J］．农业技术经济，2011（05）：4-12.

［37］蔡荣，韩洪云．交易成本对农户垂直协作方式选择的影响——基于山东省苹果种植户的调查数据［J］．财贸经济，2011（07）：103-109.

［38］侯建昀，霍学喜．交易成本与农户农产品销售渠道选择——来自7省124村苹果种植户的经验证据［J］．山西财经大

学学报，2013，35（07）：56-64.

［39］王丽佳，霍学喜．合作社成员与非成员交易成本比较分析——以陕西苹果种植户为例［J］．中国农村观察，2013，（03）：54-64+71+92.

［40］赵政阳，冯宝荣，王雷存，王章陵，周卫国．我国苹果产业向优势区域集中的战略思考［J］．西北农业学报，2004（04）：195-199.

［41］刘天军，范英．中国苹果主产区生产布局变迁及影响因素分析［J］．农业经济问题，2012，33（10）：36-42+111.

［42］袁斌，张燕媛，陈超．中国苹果产业格局演化及机制分析——基于农户决策的微观视角［J］．干旱区资源与环境，2017，31（06）：32-37.

［43］杨金深，徐国良，智健飞．绿色苹果生产的投入产出与经济效应分析［J］．中国农村经济，2006（11）：35-41.

［44］Jerry Glover，Herbert Hinman，John Reganold and Preston Andrews. A Cost of Production Analysis of Conventional VS. Integrated VS. Organic Apple Production Systems［R］．Washington State University，2002.

［45］Oana C，Diego B，Stefano C. The Production Costs of Conventional and Organic Apple Orchards in the Veneto Region（Italy）［J］．Revista Economica，2012，62（03）：5-14.

［46］周曙东，张西涛．地理标志对陕西苹果经济效益影响的实证分析［J］．农业技术经济，2007（06）：56-61.

［47］王玺，韩玉虎．我国苹果主产省单产水平影响因素分

析及建议［J］．中国果树，2011（01）：67-69.

［48］霍学喜，王静，朱玉春．技术选择对苹果种植户生产收入变动影响——以陕西洛川苹果种植户为例［J］．农业技术经济，2011（06）：12-21.

［49］王静，霍学喜．农户技术选择对其生产经营收入影响的空间溢出效应分析——基于全国七个苹果主产省的调查数据［J］．中国农村经济，2015（01）：31-43.

［50］郭亚军，姚顺波，霍学喜．中国苹果生产技术进步率测算与分析——基于随机前沿分析方法［J］．农业技术经济，2013（03）：54-61.

［51］朱海燕，刘学忠．中国苹果的供给反应研究［J］．林业经济，2017，39（09）：108-112.

［52］邵砾群，侯建昀，刘军弟，等．苹果栽培模式技术经济评价［J］．西北农林科技大学学报（社会科学版），2014，14（05）：78-83.

［53］王钰莹，许存兴．基于多元回归的陕西苹果种植成本分析［J］．陕西师范大学学报（自然科学版），2016，44（04）：114-118.

［54］王彩峰，史建民．山东省苹果种植收益影响因素的实证分析［J］．中国农业资源与区划，2017，38（10）：215-221.

［55］牛晓帆．西方产业组织理论的演化与新发展［J］．经济研究，2004（03）：116-123.

［56］贾兴梅．中国粮食成本收益核算及统计体系完善研究［D］．北京：中国农业大学，2014.

［57］苹果优势区域发展规划（上）［J］. 西北园艺，2003（08）：54-55.

［58］王静，霍学喜. 中国苹果产业技术创新及推广研究的若干关键问题［J］. 北方园艺，2014（12）：161-163.

［59］宋哲，王宏，里程辉，等. 我国苹果产业存在的主要问题、发展趋势及解决办法［J］. 江苏农业科学，2016，44（09）：4-8.

［60］杨锦莲，余红，叶香美，李崇光. 中国油菜生产微观经济效益的地区差异分析［J］. 农业技术经济，2003（04）：41-44.

［61］王树涛. 区域耕地生产力稳定性评价体系研究［D］. 保定：河北农业大学，2008.

［62］史恒通，霍学喜，李写一. 陕西洛川苹果产业发展状况调查［J］. 中国果树，2013（02）：65-69.